HARMONIE IST LEBEN UND GESUNDHEIT DES KÖRPERS

Harmonie ist Leben und Gesundheit des Körpers

Verfaßt von Christusärzten
im Universellen Leben
in Zusammenarbeit mit der
Prophetin Gottes

Gabriele – Würzburg

Universelles Leben

CIP-Kurztitelaufnahme der Deutschen Bibliothek
Harmonie ist Leben und Gesundheit des Körpers
1. Auflage – Würzburg: Universelles Leben, 1987
ISBN 3-926056-15-0

1. Auflage August 1987:

Postfach 5643, D-8700 Würzburg
Bildquellennachweis: Zentralbibliothek Zürich: S. 45
Satz und Druck: Joh. Walch GmbH & Co, Augsburg
ISBN 3-926056-15-0

Eine Schulung,
um gesund zu bleiben
und zu werden

INHALT

VORWORT

Dieses Buch entstand in der Zusammenarbeit der Ärzte des Universellen Lebens mit Gabriele, Würzburg, der Prophetin des Herrn. Mögen durch diese Erkenntnisse noch viele Menschen zu der Erfahrung gelangen, daß Gott Harmonie ist und daß Harmonie die Heilung der Seele und des Leibes bewirkt.

Harmonie entströmt der ewigen Liebe.

Wer selbstlos liebt, der ist in Harmonie mit sich selbst, mit seinen Mitmenschen und mit der Unendlichkeit und nicht zuletzt mit dem Unendlichen, mit Gott, der universellen Liebe.

Die selbstlose Liebe ist der Schlüssel zur Gesundheit, die Harmonie das Schloß, in welches der Schlüssel paßt. Liebe schließt die Herzen auf und tränkt die Seelen mit Licht.

Liebe ist Licht. Liebe und Licht sind Harmonie. Liebe, Licht und Harmonie bilden den Strom, der den Körper beseelt und den Schatten im Körper, die Krankheit, in Gesundheit umwandelt. Der Geist im Menschen und somit in jeder Seele ist Christus, unser Erlöser, der innere Arzt und Heiler.

Würzburg, im August 1987
Die Verfasser

I. EINFÜHRUNG

Jeder, der um die Kraft und Macht der Gedanken weiß, wird erfahren, daß positives Denken eine schöpferische, aufbauende Kraft ist, während falsches, negatives Denken auf Seele und Mensch zerstörend wirkt. Wenn der Mensch die positiven Kräfte in seinem Körper zu seinen Organen lenkt, damit sich dort die negative Kraft in positive umsetzt, so bedeutet dies schöpferisches Denken, das heißt, alles im richtigen Sinne zu erfassen und in die Wirklichkeit umzusetzen.

Alles was im Materiellen existiert, hat seinen Ursprung und erhielt seine Form durch unsere Gedanken.

Unsere Gedanken bewirken Licht oder Schatten in der Seele. Licht und Schatten sind wiederum Energiefelder, die sich über kurz oder lang in unserem Körper auswirken: Entweder erlangen wir Gesundheit bzw. bleiben gesund, oder wir erkranken. Sind unsere Gedanken gesetzmäßig, dann werden wir gesund bleiben oder gesund werden. Sind unsere Gedanken negativ, stehen sie dem Gesetz der himmlischen Ordnung entgegen, dann verschatten wir unsere Seele, und Krankheit, Schicksal, Not und dergleichen werden die Folgen sein.

Was wir Menschen erleben an Freude oder Leid, Wohlergehen oder Krankheit, hat seinen Ursprung in unseren eigenen Gedanken. Wir können nie unseren Nächsten für unsere Krankheit und unser Schicksal verantwortlich machen; wir selbst sind die Verursacher dessen, was uns trifft. Wir selbst setzen positive oder negative Schwingungen frei, die durch unsere Gedanken wirksam werden. Unser Schicksal, ob Krankheit, Not oder Freude, Glück, Harmonie und Zufriedenheit: alles sind manifestierte Gedanken. Sie gehen von unserem Denken aus, finden Einlaß in die Seele und strahlen dann in unseren Körper.

Gedanken sind Energie. Keine Energie geht verloren. Energie ist aktiv, sie will das bewirken, was in ihr liegt. Senden wir z.B. Gedanken des Friedens als Energien aus, dann werden diese Energien aktiv und kommen auf uns zurück. Sie dringen in unsere Seele ein, aktivieren dort gleiche und ähnliche Kräfte und strahlen wieder auf bzw. in unseren Körper zurück. Wir empfinden dann, was wir ausgesandt haben: Frieden und Harmonie. Sind wir zänkisch, neidisch, eifersüchtig, streitsüchtig, unnachgiebig und unversöhnlich, dann schaffen wir negative Energien. Was von uns ausgeht, kommt wieder zu uns zurück, findet Einlaß in unsere Seele; dort wird von negativen Energien Gleiches oder Ähnliches aktiviert, was sodann wieder in unseren Körper einstrahlt; Streit, Eifersucht, Neid, Zank und Unversöhnlichkeit können sich in uns verstärken, wir werden unter Umständen tätlich.

Im kosmischen Gesetz heißt es: Gleiches zieht Gleiches an. So wirkt jede Gedankenform, die von uns ausgeht, wieder auf uns ein und ebenso auf die Menschen, die in unserem „Sendebereich" liegen, die Gleiches oder Ähnliches denken. Werden diese Menschen durch unsere Gegensätzlichkeiten berührt, das heißt angeregt, und wir verstärken durch unsere negativen aktiven Energien ihre negative Kraft, dann findet zwischen uns eine Kommunikation negativer Kräfte statt. Das kann bedeuten, daß wir in diesem oder in einem anderen Leben mit ihnen in Verbindung kommen, um gemeinsam zu erkennen und abzutragen, was wir verursacht haben.

Der Mensch ist also ein Sender für positive und aufbauende Kräfte sowie für negative und zerstörende Kräfte. Sämtliche Energien, die der Mensch in die Atmosphäre projiziert, sowohl Negatives als auch Positives, kommen wieder auf ihn zurück.

Wenn vom Menschen negative Energien in die Atmosphäre ausgingen und die Seele geht hinüber, bevor diese gegensätzlichen Energien wirksam wurden, dann bleiben sie trotzdem in der Atmosphäre und mit der Seele verbunden. Sie können unter Umständen, je nach Intensität dieser Energien, die Seele immer wieder veranlassen, ins Diesseits zurückzukommen, also zu inkarnieren. Sind dagegen positive Energien in der Atmosphäre, die ein Mensch ausgesandt hat, und seine Seele geht hinüber, so begleiten die positiven Energien die Seele. Geht eine solche Seele wieder zur Inkarnation, dann wirken die positiven Energien in der nächsten Inkarnation auf Seele und Mensch ein. Geht die Seele nicht mehr zur Inkarnation, dann kann sie die positiven Energien abrufen und sie in sich aufnehmen, um dadurch rascher in höhere Bereiche zu gelangen. Die Seele, die einst im Erdenkleid die positiven Energien in die Atmosphäre projizierte, kann diese auch in der Atmosphäre belassen für all jene, die gleich oder ähnlich denken, wie sie selbst einst im Erdenkleid gedacht hat.

Wir erkennen also, daß keine Energie verlorengeht. Wollen wir gesund werden, dann müssen wir gesund denken, wir müssen also umdenken: Wir dürfen nicht mehr auf unsere Schatten und auf die Schatten unseres Nächsten blicken, wir dürfen nicht auf unsere Probleme fixiert sein oder über unseren Nächsten negativ reden. Wenn wir das Menschliche nicht mehr beachten, sondern die positiven Seiten des Lebens bejahen, in unserem Nächsten das Gute und Wertvolle sehen, dann wird es in uns selbst immer heller und wärmer. Wir werden selbstloser und harmonischer. Harmonie ist Ausgewogenheit der Kräfte und bewirkt ein ruhiges und klares Bewußtsein. Durch das Ausgewogensein der Kräfte und durch das klare, harmonische Bewußtsein strömt sodann vermehrte Geistkraft in Seele und Leib. Das bedeutet, daß wir gesund werden oder gesund bleiben und von Schicksalsschlägen, Not und Leid verschont werden. Voraussetzung ist jedoch immer, daß dies nach dem Willen Gottes und gut für unsere Seele ist.

Harmonie ist also Leben und Gesundheit unseres Körpers.

Alle von uns ausgehenden positiven oder negativen Gedankenkräfte übertragen sich auf unsere Mitmenschen. Senden wir selbst positive Kräfte aus, dann werden mit der Zeit unsere Mitmenschen auch positiver denken und ihr Leben im positiven Sinne umgestalten. Senden wir hingegen negative Kräfte aus, dann werden die Menschen gewalttätiger, friedloser, kränker; weitere Folgen sind Schicksalsschläge, Not, Katastrophen, Kriege, Mord und ähnliches. Somit ist jeder der Gestalter seines eigenen Schicksals und trägt zugleich als Verursacher Verantwortung für diese Welt.

Unsere Worte und unsere Handlungen sind nur der äußere Ausdruck unserer Gedanken. Alles, was an, in und um uns ist, ist der Ausdruck unzähliger Gedanken, Wünsche, Worte und Vorstellungen. Sie sind mitunter schon aus Vorinkarnationen mitgebrachte Energien, die nun in dieser Inkarnation ihre Wirkung zeitigen. Wir müssen erkennen: alles, was uns trifft, geht von uns selbst aus, nie von unserem Nächsten.

Worte sind verstärkte Energien, das heißt Gedankenbündel, die in Worten zum Ausdruck kommen. Das heißt: Worte sind stärker als Gedanken; wenn sie ausgesprochen werden, wirken sie in den materiellen Bereichen noch stärker und schneller und nehmen ihre Richtung entsprechend ihrer Ausrichtung und Intensität, das heißt, sie strahlen zielbewußt auf die Menschen und Dinge ein, in denen Gleiches oder Ähnliches vorliegt. Infolgedessen ist jeder von uns mitverantwortlich an dieser materiellen satanischen Welt. (Mit dem Wort „Welt“ ist nicht die Erde gemeint, sondern die gesetzwidrigen Einrichtungen als Folgen des menschlichen Ichs.)

Auf dem Inneren Weg zur Gotterfahrung heißt es: Ordne deine Gedanken, zügle deine Rede, meistere deine Sinne. Wer z.B. viel Unwesentliches spricht, gibt viel Kraft ab. Dadurch erfährt sein Bewußtsein keine Erweiterung; der Mensch stagniert oder fällt geistig zurück. Bewußtes Sprechen ist konzentriertes Sprechen: Wir lenken unsere Energien dorthin, wohin wir denken, worüber wir sprechen, oder was wir ansprechen. Worte verschwenden bedeutet also Schwächung, Leistungsabfall, geistige Stagnation oder sogar Rückschritt im Geistigen. Mit unseren Gedanken und Worten stellen wir uns selbst in ein Schwingungsfeld, das unseren Gedanken- und Wortschwingungen entspricht. In diesem Schwingungsfeld leben wir und bewegen wir uns. Dieses Schwingungsfeld zieht – entsprechend seiner Art, positiv oder negativ – wiederum die Energien an, die unserem Umfeld, also unserem Schwingungsfeld, gleichen. Das heißt auch, wir ziehen die Menschen, Dinge und Geschehnisse an, die unserer Ausstrahlung gleichen. Das bedeutet wiederum: Nicht unser Nächster muß sich ändern, damit wir gesund bleiben oder gesund werden, sondern wir müssen uns ändern, damit wir gesund bleiben und gesund werden.

Solange wir also falsch denken, das heißt dem kosmischen Leben entgegen, sind wir ein Spielball der gegensätzlichen Kräfte und Sklaven unseres Ichs. Gedanken und Worte sind Kräfte. Je öfter sie gedacht und gesprochen werden, um so intensiver ist die Kraft. Das gilt sowohl für die positiven als auch für die gegensätzlichen Gedanken und Worte. Es ist unsere Aufgabe, umzudenken und unser Leben in die Hand zu nehmen; dann wird auch der Geist Christi in uns stärker wirken. Dann werden wir von innen heraus gesunden und werden vieles nicht erleben und durchleiden müssen, was noch im Buch des Lebens, in unserer Seele, steht. Christus wandelt die negativen Energien in positive um, wenn wir gedanklich den ersten Schritt tun, indem wir statt negativ nun positiv denken: statt Krankheit Gesundheit, statt Neid Wohlwollen, statt Haß Frieden, statt Verzweiflung Hoffnung, statt Unglauben Glauben und statt Mißtrauen nun Vertrauen.

Wollen wir die Herrschaft und Überlegenheit über unseren Körper, über die Nerven, die Gedanken, über Stimmungen und Hemmungen, über Umwelteinflüsse und Lebensbedingungen, ja über unser Schicksal gewinnen, dann müssen wir umdenken. Wir können nur gesund bleiben oder werden, wenn wir gesund denken und auch unseren Mitmenschen Gutes und Edles wünschen und in ihnen das Gute sehen.

Was wir heute denken, das wird in uns und um uns früher oder später Wirklichkeit. Wollen wir als Menschen glücklich und gesund werden, wollen wir Harmonie und Liebe ernten, dann müssen wir zuerst die Saat von Harmonie und Frieden in den Acker unseres Lebens säen, in unsere Seele. Dieser Same schlägt Wurzeln und wirkt sich sodann in unserem Organismus aus als Harmonie, Frieden, Liebe und Gesundheit. Wir müssen uns bewußt werden, daß jeder Gedanke aktive Energie ist und nach seiner Verwirklichung strebt. Je häufiger er gedacht wird, um so stärker wird das Energiefeld, das sodann auf uns Einfluß nimmt. Wir müssen erkennen, daß Gott Liebe ist. Senden wir liebende Gedanken aus, dann werden wir auch göttliche Harmonien, Kräfte der Liebe, empfangen.

Die innere Harmonie ist wichtig, damit wir uns auf unseren Körper konzentrieren können, denn wir sollten unsere Kräfte zielbewußt einsetzen. Sind wir krank, dann sollten wir die positiven Gedankenkräfte konzentrieren, das heißt sammeln, und sie zielbewußt dorthin lenken, wo Krankheit oder Unpäßlichkeit bestehen. Wohin sich unsere Aufmerksamkeit wendet, dorthin gehen unsere Kräfte.

Wenn wir gelernt haben, immer nach innen zu blicken, weil von dort Heil und Heilung kommt, dann werden wir auch von innen harmonisiert und werden Heilung erlangen. In jedem von uns steckt viel Gutes, in jedem ist der gute Kern. Bemühen wir uns, in jedem den guten Kern zu entdecken und anzusprechen, dann dienen wir unserem Nächsten und zugleich uns selber, denn was von uns ausgeht, fällt wieder auf uns zurück.

Bitten wir also um Gesundheit, so müssen wir Gesundheit denken und auch unserem Nächsten von Herzen Gutes und Gesundheit wünschen. Bitten wir um ein langes irdisches Leben, dann müssen wir auch unserem Nächsten ein Leben in Frieden und Harmonie wünschen und ihm Liebe und Frieden zudenken, auf daß ihm und uns ein langes irdisches Leben beschieden ist; denn das Leben auf der Materie und im Körper ist Gnade. In Kürze, also in Tagen, können wir vieles an Gegensätzlichem abtragen und an Gutem schaffen; das ist im entkörperten Zustand nicht möglich.

Wünschen wir uns von unserem Nächsten ein selbstloses Lächeln, einen freundlichen Blick, dann müssen zuerst wir ein selbstloses Lächeln oder einen freundlichen Blick schenken. Wenn wir in diesem Bewußtsein leben, dann wird es in uns Tag für Tag heller, wir werden friedvoller, freundlicher, gütiger und harmonischer. In der Harmonie liegen Gesundheit und Kraft für unser irdisches Dasein. Wir sollten uns erheben und neu beginnen, Tag für Tag, so wie in der Natur jeder Augenblick neu ist. Die Vergangenheit vergeht, neues Leben erwacht.

Die Materie ist geschaffen, um sich höher zu entwickeln und schließlich sich umzuwandeln in reinen Urstoff, in feinstoffliche Substanz. Wir leben in der Materie, d.h. in Zeit und Raum – uns ist vom ewigen Gesetz die Aufgabe gegeben, den Tag zu nützen, die positiven Energien in uns wirken zu lassen, um zu Höherem fortzuschreiten. Die Seele ist im Menschen inkarniert, um geistig zu wachsen und vorwärts zu streben. So wie es in der Unendlichkeit keinen Stillstand gibt, so wie alles unermüdliche Evolution ist, so sollten auch wir uns in die Bahn der Evolution begeben und herauswachsen aus Mühsal, Drangsal, Not und Krankheit.

Vorwärts, immer vorwärts geht die Evolution, immer vorwärts drängt uns der ewige Geist. Wenn wir diesem Drängen in uns nachgeben und dem Niederen das Höchste, den ewigen Geist, das Gesetz der Liebe, entgegensetzen, dann wird unser Leben glücklich und harmonisch. Wir werden über Stimmungen, Hemmungen, Krankheiten und Schwierigkeiten stehen und Tag für Tag unser Menschliches besiegen können und dem Drängen des universellen ewigen Geistes folgen, vorwärts in eine neue, lichtere Zeit. In jedem Tag liegt für uns ein größerer und schönerer Tag bereit. Haben wir den heutigen Tag in rechter Weise, das heißt, in positivem Sinne, gelebt, dann wird der morgige Tag lichter sein.

Alles ist in Evolution begriffen, und alles strebt hin zum Urgeist, dem universellen Geist, den wir in uns haben. Er drängt uns und möchte uns die Harmonie schenken, Frieden, Gesundheit und Kraft. Öffnen wir uns für den ewigen Geist, den Urgeist in uns, dann werden wir dem inneren Himmel entgegengetragen. Angst, Zweifel, Unglaube und Mißtrauen fallen von uns ab, unser Leben ist positiv, es ist kraftvoll. Dieses kraftvolle Leben bewirkt, was wir letztlich alle wünschen: Gesundheit, Glück und Geistigkeit.

Wie bereiten wir uns vor, all dies Dargelegte in uns aufzunehmen und zu empfangen? Die beste Vorbereitung ist das Gebet. Rechtes Beten ist rechtes Denken. Doch um recht denken zu können, sollten wir als ersten Schritt darum bitten. Wenn wir um Hilfe und Erleuchtung bitten, wird uns Hilfe und Erleuchtung zuteil werden; denn wer von Herzen betet, der empfängt die Kraft, sich positiv einzustimmen und in den Strom aufwärts zu höheren und lichteren Bereichen zu gelangen.

Hat der Mensch die ersten Schritte hin zu Gott, dem Ewigen, getan, so wird er immer weniger bitten, denn sein Denken und Tun wird Gebet sein. Er weiß, daß das ewige Gesetz in ihm schon wirksam ist. Wir sollten nicht klagen und anklagen oder uns selbst anklagen und bedauern, wir sollten das Erkannte hintragen zum göttlichen Willen und zur ewigen Liebe, auf daß der Ewige alles Niedere in Höheres umzuwandeln vermag. So sollten wir positiv denken und unsere erkannten Schwächen und Fehler dem hintragen, der in uns wirkt und drängt, dem Geist der Seele, damit wir höhere Kräfte aktivieren und uns auf das harmonisierende, kosmische Leben einstimmen.

Haben wir unser Vertrauen in Gott gesetzt und sind uns Seiner Gegenwart bewußt und bemühen wir uns, Seine Kinder zu sein, dann wird unser Denken und Reden göttlich, zur Essenz Gottes. Wir werden sodann in jeder Empfindung, in jedem Gedanken, in jedem Wort und in jeder Handlung Gottes Willen geschehen lassen. Wir strahlen jeden Augenblick aus, was wir denken. Wir strahlen aus, was wir sind. Wir können über noch soviel Gutes und Schönes sprechen, wenn wir es nicht ausstrahlen, dann sind wir es nicht. Gott schaut auf unsere innere Wahrhaftigkeit und nicht auf unser Verhalten, nicht auf schöne Worte und Gesten.

Wir müssen schön, edel und gut von innen heraus werden, dann leben wir harmonisch, und wo Harmonie ist, da sind Gesundheit und Glück, da ist geistige Evolution. Wo Evolution ist, ist kein Stillstand. Wo kein Stillstand ist, ist geistiges Wachsen und Reifen. Wo geistiges Wachsen und Reifen ist, kann sich keine Krankheit festsetzen.

Jeder Mensch ist so, wie er empfindet und denkt, so, wie seine Neigungen und Regungen sind. Und wie ein Mensch denkt, so sieht er auch die Welt. Deshalb tut Umkehr not: Wir müssen uns nach innen wenden, damit aus unserem Inneren die positive Kraft strömt. Deshalb sollten wir beständig die positiven Kräfte in uns bejahen und nach dem Höchsten streben. Um aus der Bindung und Einengung durch falsches Denken herauszugelangen, sollten wir die Vollkommenheit und das Göttliche in uns bejahen, z. B. mit folgenden Worten: „Ich bejahe meine Vollkommenheit, denn ich bin göttlich und aufnahmefähig für das Göttliche."

Gott erwartet von uns absolutes Vertrauen und Hingabe. Vertrauen und Hingabe erlangen wir, wenn wir umdenken und unser Leben positiv gestalten. Dann wird sich das Göttliche in uns regen, und wir werden Dem vertrauen, der in uns ist als Macht, Kraft, Liebe und Weisheit. Wir müssen erkennen lernen, daß jeder Mißerfolg in uns selbst liegt, weil wir hierfür die Anlagen geschaffen haben durch unser falsches Denken und Handeln. Sobald wir die innere Stärke bejahen, den Genius Gottes in uns, und uns als ein Teil des Genius sehen, also göttlich, werden wir Stärke erlangen und allmählich über Stimmungen, Hemmungen, über Krankheit und Unpäßlichkeit stehen. Es ist uns sodann möglich, konzentriert auf das Negative einzuwirken, das sich aufzutun scheint, und es auf diese Weise zu bereinigen, bevor es Unheil schafft.

Um zu uns selbst zu finden und uns der Einheit mit Gott bewußt zu werden, müssen wir uns immer wieder in unser Inneres zurückziehen und oft mit unserem positiven Denken allein sein. Die positiven Kräfte sollen in uns hineinfließen und in unserem Inneren Positives aktivieren. Dann werden wir auch allmählich in der Welt über Lärm und Trubel stehen können und dennoch in uns ruhen.

Unsere geistige Entwicklung, jeder geistige Fortschritt,

vollzieht sich in der Stille, in der Zurückgezogenheit unseres Wesens. Hier erwacht die innere Stärke und das Erhabensein über menschliche Dinge, niedere Gedanken und Neigungen. Dann wachsen wir über unser kleines Ich hinaus und erfassen, was heißt: Ich bin.

II. ERSTE ERFAHRUNGEN MIT DEM KONZEPT DER CHRISTUSKLINIK

Für eine große Zahl von Menschen wird es im Verlauf der zunehmenden Umweltverseuchung und durch die zunehmend eintretenden Katastrophen zu verstärkten Krankheitsmanifestationen kommen können. Die Christuskliniken sollen dann für jeden Hilfesuchenden ein Ort der Hoffnung sein, wo Methoden angewandt werden, die helfen, ohne den Körper zu schädigen, Methoden, welche im Einklang sind mit den göttlichen Gesetzen.

In einer Christusklinik gehen die Ärzte davon aus, daß nicht sie heilen, sondern daß Christus heilt. Die Ärzte leisten nur Hilfe im Rahmen der Ganzheitstherapie auf natürlicher Basis. Sie diagnostizieren nach dem neuesten Stand der Wissenschaft und therapieren mit den Möglichkeiten der Naturmedizin.

Eine Christusklinik ist im übrigen ein Christusbetrieb wie viele andere. In ihr wird die vom Geist gegebene Betriebsordnung verwirklicht, so daß das Milieu in einem solchen Haus und unter den Verantwortlichen wie auch Mitverantwortlichen eine besondere Harmonie ausstrahlt. In dieser Atmosphäre kann das Nervensystem der Patienten sich entkrampfen; sie können sich lösen von bisherigen Belastungen, können sich öffnen und sich ohne Angst und Sorgen dem Heilstrom hingeben.

Seit November 1986 existiert die erste Christusklinik. Sie befindet sich im südlichen, waldreichen Spessart, in dem kleinen Ort Michelrieth, der ein Stadtteil von Marktheidenfeld ist. Die schon seit Januar 1985 in Würzburg erprobten Methoden werden dort weiter ausgebaut und vervollkommnet. Schon nach kurzer Zeit erwies sich, daß die Zahl der Betten dieser Klinik nicht ausreicht, um den Bedürfnissen gerecht zu werden. Daher sind Anbauten sowie der Kauf weiterer Christuskliniken notwendig geworden.

Nach dem Willen des Herrn soll es mehrere, später viele Christuskliniken geben. Sie sollen für die Menschen bereitstehen, die sich nicht mehr dem schulmedizinischen Konzept unterziehen wollen. Nach der Erprobung in der Umgebung von Würzburg werden die Kliniken auch in anderen Teilen von Mitteleuropa und dann in aller Welt entstehen.

Gott heilt. Er möchte jedem Seiner Kinder Seine Heilkraft schenken. Dies wird in nicht zu ferner Zukunft ohne Medikamente, ohne Chemie, auch ohne pflanzliche Stoffe stattfinden. Er, die absolute Heilkraft, die Liebe, dient den Menschen. Wer sich Ihm zuwendet, Seinem göttlichen Gesetz folgt, wird heil in seiner Seele; und wessen Seele heil ist, der verläßt das Gesetz von Ursache und Wirkung. Er ist in Harmonie mit dem Göttlichen, der hohen, feinen Schwingung, und er nimmt aus dem Absoluten Kräfte über Kräfte auf. Er ist der dynamische, friedvolle, selbstlos wirkende und gebende Mensch, durch den der Wille des Herrn auf dieser Erde geschieht.

In der Umbruchzeit mit den auf uns zukommenden Katastrophen wird der dem Geistigen zugewandte Mensch, der seine Sinne veredelt und seine Schwingung erhöht hat, eine wesentlich höhere Überlebensfähigkeit haben. An der Schaffung der Voraussetzung dafür wirken die Christuskliniken mit.

Es ist schon zu „Wunderheilungen“ gekommen, diese werden in Zukunft zunehmen, wenn die Menschen dafür aufbereitet sind. Da jedoch Christus immer den freien Willen des Menschen berücksichtigt und nie der Seele schaden, nie z.B. ein Karma in die Seele zurückdrängen würde, findet eine Heilung nie ohne ein positives Mitwirken des Menschen statt. Glaube, Liebe und Hoffnung sind die drei

Die erste Christusklinik in Michelrieth im Spessart – ein Baustein im Universellen Leben

wesentlichen Kräfte, die der Patient in sich mobilisieren muß.

Im Alltag der Christusklinik stehen die Gespräche im Vordergrund, sowohl einzeln als auch in der Gruppe, die zur Selbsterkenntnis führen sollen. Die Selbsterkenntnis ist auch hier der erste Schritt zur Besserung. Dann folgt die Verwirklichung der Gesetze Gottes und der Bergpredigt im Leben des Patienten.

In unserer Christusklinik haben die Ärzte verschiedene Kontrollmethoden, um den Krankheitsverlauf, d.h. Reaktionen und Veränderungen, zu beobachten und zu beurteilen. Diese Methoden ermöglichen zugleich auch dem Patienten eine Selbstkontrolle. Im täglichen Gespräch zwischen Arzt und Patient werden dann die Ergebnisse besprochen und die Therapie dementsprechend weitergeführt.

Für eine Therapie ist wichtig, daß der Therapeut die Energieströme des Patienten kennt und überwacht. Zu einer Bestimmung des Energieeinstroms selbst steht als erstes die Messung des Organenergieniveaus mit der Elektro-Akupunktur-Diagnose nach Dr. Voll zur Verfügung. Diese Methode ist seit über 20 Jahren bekannt und abgesichert. Hierbei werden mit Hilfe der Hautwiderstände der Endpunkte der Akupunkturmeridiane, die sich beidseits der Finger- und Fußnägel befinden, die Organe bezüglich ihres Energieinhalts zahlenmäßig erfaßt. Dabei erweisen sich als energiearm überwiegend degenerativ veränderte Organe, während Organe mit einer Entzündung und/oder einer Verkrampfung einen Energieüberschuß durch eine Blockade aufweisen. Ein mittleres Energieniveau gilt als normal. Der Durchschnittswert aller Organe zeigt den Grad der Energiearmut oder Verkrampfung im Zustand des Organismus an.

Das materielle Milieu des Körpers wird untersucht mit der Bestimmung von pH-Wert, Redoxpotential und Widerstand im Blut, Urin und Speichel (nach Vincent). Daraus lassen sich ableiten: Indices für die Beurteilung der Körperabwehr, der Krebsneigung, der Thromboseneigung, das „biologische Alter“ etc. Es sind physikalisch exakte Werte, wenn auch deren Deutung von der Schulmedizin noch nicht anerkannt ist. Mit derselben Methode läßt sich z.B. auch die Qualität des Wassers feststellen.

Dann werden auch schulmedizinische Kriterien herangezogen wie das EKG, der Ultraschall, Laborwerte wie Enzymkonzentrationen, „Tumormarker“, die Blutsenkung, etc.

Nach bisherigen Erfahrungen ergab schon die einfachste therapeutische Methode, nämlich Körperübungen, eine generelle Besserung aller Kontrollwerte. Diese speziellen kosmisch rhythmischen Übungen harmonisieren offenbar unspezifisch die Körper-Seele-Einheit bei annähernd allen Patienten.

Verschiedenartiger ist die Reaktion bei dem stärkeren geistigen Energieeinstrom durch die Organansprechungen. Hierbei werden (in gewisser Ähnlichkeit zum autogenen Training) meditativ die Heilströme aus dem göttlichen Energiestrom in jedes einzelne Organ geleitet. Man kann die Patienten nach ihrer Reaktion drei Gruppen zuordnen:

Ein Patient mit einer negativen geistigen Grundhaltung (z.B. destruktiv kritisch) kann diesen Einstrom blockieren und wird deshalb kaum zusätzliche Energie erhalten; seine Werte verändern sich nur minimal (Gruppe 1).

Ist er dagegen offen, vorurteilsfrei und voller Hoffnung, so steigen seine Energiewerte zunächst stark an und tendieren nach einigen Stunden zu den Normalwerten. Dabei reagieren die erkrankten Organe am stärksten (Gruppe 2).

Ein verkrampfter Patient, der sich mit seinem Eigenwillen dem Einstrom entgegensetzt, weil er z.B. unbewußt seine Krankheit festhalten will, weist anschließend höchste Verkrampfungswerte auf, die sich kaum normalisieren (Gruppe 3).

Diese drei Gruppen unterscheiden sich immer deutlicher voneinander, je mehr sich der Patient aktiv an seiner Heilung beteiligt, als Folge von Beratungsgesprächen – sowohl einzeln als auch in der Gruppe – sowie als Folge der zunehmenden Intensität des göttlichen Einstroms durch Aufnahme von Gebetskräften.

Negativ denkende Patienten, die ihre Einstellung eventuell aus Geltungsbedürfnis oder aus einem anderen Grund festhalten wollen, oder auch unzugängliche, z.B. lethargische Patienten, weisen keine wesentlichen Verbesserungen ihrer Ergebnisse auf (Gruppe 1).

Krebspatienten gehören erfreulicherweise überwiegend zur Gruppe der offenen und heilungswilligen Patienten. Deshalb kommt es bei ihnen zu außerordentlichen Verbesserungen aller Werte, auch der als objektiv geltenden Tumormarker. Wir haben Normalisierungen schon nach einer Behandlungszeit von wenigen Wochen gesehen (Gruppe 2).

Schwierig ist die Situation der dritten Gruppe, zu der z.B. Magersüchtige zählen. Oberbewußt, d.h. mit ihren Worten, versichern sie, sich positiv wandeln und positiv denken zu wollen; dem stehen jedoch offenbar starke innere negative Energiefelder entgegen. Diese können ihre Herrschaft so lange aufrechterhalten, wie der kranke Zustand sich nicht bessert. Demgemäß fließt die Energie zwar noch in den Körper hinein, verteilt sich dann aber nicht weiter.

Die wandlungsbereiten und bei Beendigung der Therapie gewandelten Patienten der Gruppe 2 sehen sich allerdings einer Gefahr ausgesetzt, wenn sie in das alte seelisch-geistige Milieu ihres Zuhause zurückkehren müssen: Lassen sie sich beeinflussen von den alten Schwingungen, so erleiden sie einen Rückfall. Daher ist eine Vorbereitung auf die Heimkehr notwendig, d.h. die Patienten erhalten eine Liste der Veränderungen und genaue Ziele mit auf den Weg. Ein regelmäßiger Kontakt mit den Ärzten und Therapeuten ist weiterhin erforderlich. Mit Hilfe der objektiven Meßwerte wird ein Rückfall in alte Denk- und Empfindungsmuster umgehend erkennbar, und es werden, wenn nötig, weitere Gespräche und therapeutische Anwendungen erfolgen.

III. EINE NEUE MEDIZIN?

Die Medizin hat eine jahrtausendealte Geschichte, und die heutige sogenannte Schulmedizin betrachtet sich als ihre höchste Entwicklungsform. Dies ist ein gewaltiger Anspruch, denn die medizinische Entwicklung kennt nachweislich seit mindestens 5000 Jahren Diagnostik und Therapie und geht damit über die Anwendung rein magischer Praktiken und Riten hinaus.

Das erste nachgewiesene Konzept ist das Kräuterbuch des Kaisers Cheng Nung in China, 3000 v. Chr. Dort wurde beispielsweise der Rhabarber als Abführmittel aufgeführt, welcher somit als eine der ältesten Heilpflanzen gelten kann. Das Prinzip der Körperentgiftung, nämlich das Abführen, zeigte sich schon damals als wesentlicher Faktor in der frühen Medizin. Der logische Denkaufbau, nämlich 1. Symptom Verstopfung, 2. Gabe Rhabarberwurzel, 3. Wirkung Stuhlgang bis hin zum Durchfall, ist uns heute selbstverständlich, war es aber nicht vor 5000 Jahren. Das Denken in Zusammenhängen von Ursache und Wirkung war über lange Zeit nur Eingeweihten oder Wissenden vorbehalten, so daß eine Veröffentlichung solcher Zusammenhänge damals revolutionären Charakter hatte. Aus unserer heutigen Sicht ist es unvorstellbar, daß noch vor 100 Jahren die Wiener Ärzteschaft Semmelweis ächtete und nach Budapest vertrieb, weil er einen Zusammenhang zwischen den schmutzigen Händen der Geburtshelfer und dem Kindbettfieber sah.

Etwa 1600 v. Chr. wurde in Ägypten ein Papyrus niedergeschrieben, der von dem Leipziger Professor Ebers gefunden wurde und deshalb Papyrus Ebers heißt. Er enthält über 800 Rezepte und ist eine der Hauptquellen unseres Wissens über die altägyptische Medizin. In den sogenannten Häusern des Lebens, die den Tempeln angeschlossen waren, wurde von den Priestern neben der Heilkunde auch Magie und Traumdeutung ausgeübt. Die berühmte Medizinschule von Memphis z.B. wurde gegründet von dem Weisen Imhotep, dem Ratgeber des Pharao Djoser; er war Erfinder der Steinbaukunst, Baumeister, Arzt und Philosoph; eine solche Vielseitigkeit war im Altertum nicht selten. Er wurde später als Gott verehrt und von den Griechen dem Asklepios gleichgesetzt. Auch in dem Papyrus Ebers wird wieder das Abführen stark betont; Mittel vor allem sind Rizinus, Sennesblätter und Koloquinten.

In der ägyptischen Medizin gab es drei Arten des Heilens, dementsprechend auch drei Heilberufe. An erster Stelle standen die Priester. Die Menschen lebten in der Gewißheit, daß Heil und Unheil immer von den Göttern abhängen. Gebet und Suggestion waren daher die ersten und wichtigsten Heilmittel. Die Priester waren zuständig für alle Krankheiten, deren Entstehung man Mißgunst, Neid oder Fluch zuschrieb. Somit galten die negativen Gedanken schon damals als wichtigste Krankheitsursache. Die Götter wurden angerufen, um das negative Potential, das einem Menschen durch negatives Denken eines anderen anhaftete, zu lindern oder rückgängig zu machen. Es war also bekannt, daß negative Empfindungen, Gedanken und Worte eine Macht waren und krank machen konnten.

War dies nicht die Ursache der Krankheit, sondern eine falsche Ernährung, ein Parasitenbefall oder eine Verletzung, so wurde der Arzt gerufen. Diese Ärzte hielten sich streng an die Rezepturen auf ihren Papyrusrollen. Die erste unumstößliche Regel hieß: keine Behandlung vor Ablauf von drei Tagen; das heißt: Drei Tage lang passierte nichts. Offenbar wußte man schon damals, daß der Körper eigene Heilkräfte besitzt. Diese sollten Gelegenheit finden, ohne Störung von außen die Krankheit aus eigener Kraft zu bewältigen. Bagatellerkrankungen sind ja bekanntlich nach drei Tagen meist schon über den kritischen Punkt hinweg. In dieser Regel war sicherlich eine große Weisheit, wenn man bedenkt, wie Patienten heute bei geringen und kurzfristigen Symptomen nach einer schnellen Heilung, möglichst durch Antibiotika, rufen. Heute ist die Verdrängung der Krankheit an die Stelle des Überwindens der Krankheit getreten. Die Folge sind Zivilisationskrankheiten. In Ägypten war man weiser.

Neben diesen beiden Spezialisten gab es noch als dritten Heiler den Magier, den Wunderheiler, der durch Besprechen oder Handauflegen zu heilen vermochte.

Die Ärzte im heutigen Sinne waren somit nur zuständig für Krankheiten mit eindeutig äußerer und erkennbarer Ursache. Sie verwendeten Heilkräuter, tierische Bestandteile und Mineralien. Vieles, was später bei Hippokrates oder Galenos zu finden ist, war schon damals in Ägypten bekannt. So z.B. kannte man Herzbeschwerden durch Blähungen im Oberbauch, das Roemheld-Syndrom. Dies war neben der Entgiftung ein weiterer Grund, immer den Organismus durch Abführmittel zu entlasten. Bekannt war die enzymatische Wirkung von frischem Fleisch, das man auf Verletzungen legte; bekannt war ebenfalls die antibiotische Wirkung von Honig; auch sehr aktuell war die positive Wirkung von Überwärmung, z.B. auf den Unterleib der Frau, was man weitgehend vergessen hat, ebenso die Antikrebswirkung verschiedener Stoffe.

Die ägyptischen Ärzte waren keineswegs dem Geisterglauben verhaftete Magier. Es bestand in Ägypten eine Ganzheitsmedizin, dadurch gekennzeichnet, daß zunächst immer die Seele, dann der Körper und schließlich auch beide mittels anderer jenseitiger Kräfte behandelt wurden. Für die Ägypter war das selbstverständlich; denn für sie war das irdische Leben eine einzige Vorbereitung auf den Tod, mit dem das eigentliche Leben erst beginnen sollte. Die Zielrichtung ihres Gesundseinwollens war anders als heute.

Wer nach dem Tod im jenseitigen Leben einen gefährlichen Einsatz wagen mußte, weil erst dort die Unsterblichkeit gesichert werden konnte, der mußte so vollkommen wie möglich hinüber ins Jenseits gelangen, also geistig und seelisch gefestigt und stabil. Bei der Heilung ging es somit nicht primär um den Körper, sondern darum, die drei verschiedenen Seelen in jedem Menschen nicht zu beeinträchtigen, nicht zu schädigen und nicht zum Verkümmern zu bringen.

Zwischen Körper und Seele bestand, auch nach ägyptischer Auffassung, eine enge Wechselbeziehung. Der Körper konnte die Seele, andererseits die Seele den Körper vergiften. Ob ein Mensch gesund war oder nicht, wurde in Ägypten beurteilt nach der Stimmung des Gemütes. Jede Gemütsverdüsterung war ein Hinweis, daß die Seele im Körper im Unwohlsein war. Schmerzen und Krankheit galten als das Rufen der Seele nach Befreiung von der Belastung durch den Körper. Die Heilkunde galt als Entlastungsmittel für die Seelen, denn der melancholische, betrübte Mensch, der freudlose Mensch, besaß nach dem Tod keine Chance, sich das ewige Leben zu sichern. Somit mußte jeder Heilkundige dem Patienten Mut, Kraft, Selbstbewußtsein und Freude zuströmen. Vergleichen wir diese alte Heilkunde mit dem, was heute medizinische Routine ist!

Auch in Griechenland finden wir rund 1000 Jahre nach Imhotep eine bemerkenswerte Heilkunde. Es entstand die ärztliche Familie der Asklepiaden, die ihren Ursprung sahen in Asklepios, der als ein Sohn Apollons galt. Dieser so überhöhte Asklepios dürfte um 1260 v. Chr. als Kind einer Königstochter durch den ersten beschriebenen Kaiserschnitt, sogar nach dem Tod der Mutter, zur Welt gekommen sein. Bei Pindar heißt es, Asklepios heilte durch das Wort, durch die Elemente und durch das Messer. Damit werden die drei Hauptgebiete der antiken Medizin angesprochen: Das Wort – die Psychotherapie, wenn man so will –, die Medikation von Pflanzen und allerlei anderen Mitteln und die Chirurgie. Bei Asklepios war selbst eine Wundversorgung oder eine interne Behandlung immer verbunden mit einer gleichzeitigen Psychotherapie. Er war der Ansicht, daß eine Heilung nur mit gleichzeitiger Beherrschung der Leidenschaften zu erzielen war. So wurde z. B. Kranken empfohlen, an Aufführungen von Tragödien bzw. Komödien teilzunehmen. (Die „moralische" Wirkung des Theaters war den Tragödienschreibern zu allen Zeiten bewußt.)

Da Asklepios durch die Auferweckung von Toten seinen Freiraum überschritt, traf ihn der Zornesblitz des Göttervaters Zeus. 600 v. Chr. wurde er dann zum Gott erhoben, und es entstanden verschiedenste Kultstätten. Diese standen unter der Aufsicht von Priestern. Die Kranken gingen in die Tempel, um dort von den Göttern geheilt zu werden. Diese Tempel jedoch waren gleichzeitig medizinische Behandlungszentren, heute würden wir sagen: Polikliniken. Sie enthielten Bäderabteilungen, chirurgische, internistische Abteilungen, eine große Apotheke und einige Krankenzimmer.

Leider degenerierte das Wissen allmählich, so daß Erneuerungen nötig wurden. Einer dieser Erneuerer war Heraklit. Seine Grundlehre war das Panta rhei, das heißt: die Lehre vom ständigen Verändern aller Dinge, im Menschen, in der Menschheit und auch in der Natur. Der Kampf zwischen den Polaritäten war für Heraklit das wesentliche Prinzip: Harmonie entsteht erst über die Spannung zwischen den Polen nach deren Entspannung. Dieses Prinzip wird im Osten durch Yin und Yang symbolisiert und findet heute auch bei uns viel Beachtung. Auf die Medizin angewendet heißt dies, daß wir an der Krankheit erst die Gesundheit erkennen, ebenso wie etwa am Hunger erst das Gefühl der Sättigung erkennbar ist. In neuerer Zeit wurde das wieder erkannt in Aussprüchen wie etwa: „Dem chronisch Gesunden fehlt die Nachsicht, die man durch chronische Krankheit erlernen kann“, oder André Gide: „Ich glaube, daß die Krankheiten Schlüssel sind, die uns Tore öffnen können.“

Die medizinischen Schulen in Griechenland wurden aber allmählich entweder zu starr oder zu spekulativ. Im Gegensatz dazu bemühte sich die Schule auf der Insel Kos um eine Synthese, also um die Zusammenführung von exakter Beobachtung und Erfahrung. Auf Kos wurde eine Ganzheitsbetrachtung angestrebt. Den Höhepunkt stellte dort zweifellos Hippokrates dar. Er wurde 460 v. Chr. als Asklepiade geboren und wurde 82 Jahre alt. Er ist sehr viel gereist, führte geradezu ein Vagabundenleben, um sein Wissen zu vermehren, wie es viele Ärzte und Heilkundige taten. Sein Hauptinteresse galt der Seuchenbekämpfung und der Psychoanalytik. Seine überragende Bedeutung beruht jedoch auf der Synthese von naturwissenschaftlicher und geisteswissenschaftlicher Auffassung der Medizin.

Hippokrates sah keinen Widerspruch zwischen der natürlichen Ursache einer Krankheit, die jeder Arzt erforschen mußte, und der Tatsache, daß sie eine Strafe der Götter sein konnte. Im Gegenteil, er sagte, durch Erforschen der natürlichen Ursache könne der Arzt die jenseitige Ursache erkennen. Eine sehr moderne Auffassung!

Bezüglich der Abklärung der natürlichen Ursache war er weit fortgeschritten. An erster Stelle stand die Beobachtung. Er beschrieb dies so: „Untersuche den Patienten von Anfang an auf Übereinstimmungen mit oder auf Abweichungen vom Zustand völliger Gesundheit. (Das ist praktisch die Definition der Weltgesundheitsorganisation.) Berücksichtige dabei zunächst jene Faktoren, die sich am deutlichsten manifestieren. Als Mittel zu dieser Untersuchung bietet sich der Augenschein an, das Abtasten und das Abhören. Dann kommt das, was man darüber hinaus durch die fünf Sinne und durch die Anwendung des Verstandes wahrnehmen kann. Zum Schluß erst wird das geprüft, was durch alle uns zur Verfügung stehenden Hilfsmittel erkannt werden kann.“ [1]

Schaut man sich die heutige Apparatemedizin an, so ist diese wohl ein Rückschritt. Er sagte: „Die richtige Maßnahme findet man weder mit Hilfe eines Gewichtes noch einer Zahl, auf die man sein Urteil beziehen könnte.“ Schaut man sich heute in Krankenhäusern die Abhängigkeit der Ärzte von Laborwerten an, so ist auch das sicher kein Fortschritt.

Hinzu kam eine sehr exakte Erhebung der Krankengeschichte. Hippokrates schreibt: „Man geht aus von der allgemeinen Natur des Menschen, dann von der komplexen Persönlichkeit des Kranken. In gleicher Weise vom Wesen der Krankheit im allgemeinen und von der betreffenden Krankheit im besonderen. Schließlich von der Heilmittelverordnung im allgemeinen, dann von der für den konkreten Fall angeordneten Maßnahme, also immer vom Allgemeinen zum Speziellen. Man berücksichtigt dabei die Beschaffenheit der Atmosphäre und des Himmels, der Landschaft des Patienten, dann die Gewohnheiten der Ernährung und der Lebensweise, sowie das Alter des Patienten. Ebenso muß man die medizinischen Schulen mit ihren verschiedenen Ansichten über das Thema erwägen. (Und das, wie oben gesagt, vor 2500 Jahren!) Schließlich werden folgende Gesichtspunkte beachtet: Gedanken, Schlaf, Träume, Handbewegungen, Juckreiz, Tränen,

---

[1] Zitate zu Hippokrates aus: Kruse-Jarres, J.D.: Die Medizinschule von Kos. Lab. med. 10; BDL 133 (1986)

Anfälle, Stuhlgang, Urin, Auswürfe, Erbrechen, Tagesveränderungen, Schweißausbrüche, Unterkühlung, Schüttelfrost, Husten, Niesen, Schluckauf, Aufstoßen, Art der Atmung, Blähungen, Art der Winde, Blutfluß und Hämorrhoiden. Man muß um die Untersuchung dieser Krankheitsmerkmale wissen und die Bedeutung kennen."

Dies war ein diagnostischer Ablauf, der sicher auch heute noch nicht übertroffen wird. Wer legt z.B. heute auf die Gedanken des Patienten Wert? Aus alledem ergab sich bei Hippokrates eine Prognose, in die alle vorherigen Beobachtungen und Überlegungen einflossen. Diese Prognose erfolgte streng systematisch. Berücksichtigt wurde dabei, daß der menschliche Körper ein harmonisches Ganzes darstellt, dessen Teile sich in gegenseitiger Abhängigkeit halten.

Betrachtet man die heutige Zerteilung der Medizin in die Organspezialitäten, so ist dies wohl auch ein Rückschritt. Hippokrates sagte: „Wo auch immer der ursprüngliche Krankheitsherd sein mag, die verschiedenen Körperpartien geben ihn untereinander weiter." Wer denkt z.B. heute bei Krebs an diese Weisheit?

Doch diese körperliche Ganzheitsmedizin war nicht alles. Voraussetzung für die Heilung war auch bei ihm eine Aussöhnung mit den Göttern, das Zurückfinden auf den rechten Weg, von dem jeder Kranke abgekommen sein mußte. Voraussetzung für diese Aussöhnung wiederum war die Selbsterkenntnis aller Verstöße gegen den Willen der Götter, gegen die Gesetze der Götter. Welcher Arzt erfragt wohl dies heute?

Hippokrates wußte Bescheid über die sozialen Belastungen als Krankheitsursache und bezog immer die Umgebung des Kranken in die Behandlung mit ein. Er definierte die Medizin: „Sie ist die Kunst, die heilsamen Verfahren der Natur nachzuahmen." Typisch ist sein Satz: „Das beste Mittel ist in vielen Fällen, kein Mittel zu verordnen." Auch dieser Satz wäre heute von Bedeutung. Oder seine Regel einer gesunden Lebensdiät: „Sei mäßig im Schlafen, Trinken und Essen, in der Arbeit und im Gebrauch deines Weibes." Oder: „Eure Nahrungsmittel sollen Heilmittel, eure Heilmittel sollen Nahrungsmittel sein." Alles Regeln, gegen die heute verstoßen wird.

Er setzte z. B. Spargel als Frühjahrskur ein, was heute zum Glück auch gemacht wird; bei Infektionen gab er Schimmelpilze, also Penicillin, oder auch Weidenrinde, gleich Aspirin. Die Kombination von Tausendgüldenkraut, Johanniskraut und Honig war für ihn ein Volksheilmittel. Den Duft von Veilchen empfahl er als Beruhigungs- und Nervenstärkungsmittel. Er wußte Bescheid über die Wirkungen von Farben, Formen und Düften. Auch dies ist der Schulmedizin abhanden gekommen.

Als Seuchen-Mediziner interessierte er sich besonders für das Trinkwasser. Stehendes Wasser aus Seen oder Tümpeln beurteilte er als das ungesündeste. Quellen mit schwerem Wasser, das viel Eisen oder andere Mineralien enthielt, hielt er für wenig heilsam. Fließendes Wasser aus hochliegenden Gegenden oder Quellen aus der Tiefe der Berge, sogenanntes leichtes Wasser, empfahl er. Am meisten lobte er Quellen, die im Gebirge nach Osten hin hervorsprudeln. Die heute in Deutschland so hochgelobten Mineralwässer hätten seiner Meinung nach als Trinkwasser nicht getaugt, allenfalls in kleinen Mengen für bestimmte Krankheiten. Betrachtet man die Trinkwasserkatastrophe, der die Industrieländer entgegengehen, so wäre eine Rückbesinnung auf diese Weisheiten des Hippokrates sehr dringlich. Das Leitungswasser von Würzburg z. B. hätte er mit Sicherheit zu jeder Verwendung abgelehnt.

Kein anderer Arzt hat bis in unsere Tage, man kann sagen, leider, so entscheidend die Heilkunde beeinflußt wie Galenos, ein griechischer Arzt im 2. Jahrhundert n. Chr.

Jahrhundertelang blieb seine Lehre fast ein Evangelium der Medizin. Niemand wagte es, seiner Autorität zu widersprechen. Erst Paracelsus trat diesem Übervater der Medizin entgegen. Doch diese Ablehnung richtete sich weniger gegen ihn selbst und seine Einsichten, als vielmehr gegen seine Nachfolger, die unkritisch eine Orthodoxie daraus gemacht hatten.

Die Jugend des Galenos wurde beeinflußt von seiner jähzornigen Mutter, die schlimmer als Xanthippe gewesen sei. Er fragte sich deshalb, was es mit diesen Jähzornsanfällen auf sich habe. Seine Antwort: „Leib und Seele müssen sich gegenseitig stark beeinflussen. Eine düstere Seele macht den Körper krank, ein fehlgesteuerter Körper wiederum verdüstert die Seele, so daß sie sich nicht mehr äußern kann, wie sie vielleicht ist.“[1] Er sagte: „Hätten wir keine Kraft in uns, die mehr zur Tugend als zur Lust geneigt macht, eine Kraft, die stärker ist als die Lust, dann wären wir ja alle von Natur aus schlecht. Woher kommt aber dann das Schwache in uns? Die Tugenden liegen in der Seele, doch die Kräfte der Seele müssen der Natur des Blutes folgen. Der Körper vermag, ohne selbst krank zu sein, die Eigenschaften der Seele beträchtlich zu verändern.“

Demnach können wir mit negativen körperlichen Handlungen unsere Seele belasten oder verschatten. Eine auf diese Weise verdüsterte Seele kann ihre positiven Kräfte nicht mehr hinreichend äußern, so daß sich ein Teufelskreis bilden kann, bei dem die Tugenden und Heilkräfte der Seele ins Hintertreffen geraten. Dies bedeutet, daß das Gleichgewicht von Leib und Seele verlorengeht, und der Arzt muß dieses Gleichgewicht wieder herstellen.

Konkret griff Galenos zurück auf die alte, schon den

---

[1] Allgeier, K.: Die Rezepte der großen Wunderheiler. Heyne Verlag, München, 1984

Ägyptern bekannte Viersäftelehre. Damit war gemeint: Blut, Schleim, gelbe und schwarze Galle. Diese Begriffe darf man jedoch nicht wörtlich verstehen, es waren Symbole. Zugeordnet waren die vier Elemente Erde, Wasser, Feuer, Luft und die vier Zustandsformen fest, flüssig, kalt und warm. Stellte der Arzt nun ein Ungleichgewicht in diesem Beurteilungssystem fest, so mußte die Therapie entgegengesetzt sein, also: gegen zu Heißes wurde Kälte eingesetzt, gegen zu Feuchtes Trockenheit, gegen zu Trockenes Feuchtes, gegen zu dickes Blut der Aderlaß usw.

Diese Auffassung der Medizin hat sich infolge ihrer bestechenden Logik zu einem Schematismus vereinfacht und in dieser Weise bis heute gehalten. Es ist heutzutage noch die durchgängige Behandlungsmethode, gegensätzlich vorzugehen. Und dies ist – wie oben festgestellt – leider noch so!

Diese Methoden wurden bis ins späte Mittelalter hinein unkritisch durchgeführt, was Molière noch in seinem Stück „Der eingebildete Kranke" geißelte. Es handelte sich neben dem Aderlaß um Schröpfköpfe, Blutegel, wieder Abführmittel, Brechmittel, Schwitzmittel und Einläufe. Sinnvoll war dabei ganz sicherlich die Reinigung des Körpers. Es war praktisch eine Entgiftungsbehandlung; Galenos ergründete die Wirkstoffe der Heilkräuter und bemühte sich, diese zu mischen. Er gilt somit als Begründer der Pharmakologie, der Galenik.

Er kannte z.B. die Wirkungen des Borretsch als einem natürlichen Cortison. Er ließ Kinder in die Medikamente spucken, um sie enzymatisch aufzuschließen, er wußte um die positive Wirkung eines Glases Wein pro Tag, was heute wissenschaftlich zur Herzinfarktvorbeugung nachgewiesen ist. Als besonders positiv beurteilte er das Johanniskraut gegen Depressionen oder die rote Rübe zur Vorbeugung gegen viele Krankheiten, z.B. auch Tumore. Das sind ganz moderne Gesichtspunkte.

Auch er war Psychologe und erkannte vier Patiententypen, die Sanguiniker, die zumindest nach außen hin heiter sind, die Choleriker, die aufbrausen und sich ständig aufregen, die Melancholiker, die zu Düsternis neigen, und die Phlegmatiker, die schwerfällig und gleichgültig sind. Nach seiner Auffassung sollte kein Mensch zu einer dieser vier Gruppen gehören, sondern sich in der Mitte befinden. Krankheit war für ihn also ein Verlust der Mitte. Insgesamt brachte Galenos keinen neuen Gesichtspunkt in die Heilkunde, er verfeinerte sie jedoch erheblich.

Die Heilkunde des frühen Mittelalters wurde geprägt von arabischen Ärzten, auf die wir nicht weiter eingehen wollen.

Leider zu wenig Einfluß hatte die größte Ärztin aller Zeiten, Hildegard von Bingen. Sie lebte im 12. Jahrhundert. Sie war eine gläubige Christin, was sie jedoch nicht daran hinderte, sowohl den Papst als auch den Kaiser heftig zu kritisieren. Sie war mehrfach in Gefahr, deshalb verbannt oder gar getötet zu werden.

Hildegard nennt in den meisten ihrer Rezepte körperliche und seelische Leiden in einem Atemzug. So z.B. gehört bei ihr die Gicht zu Zornesausbrüchen; Herzerkrankungen gehören zur Traurigkeit. Hildegard wußte, daß die Seele niemals leidet, ohne daß nicht automatisch auch der Körper in Unordnung gerät und krank wird und ebenso umgekehrt.

Sie war inspiriert. Der Mensch war in ihren Werken auf das engste mit dem Universum und mit Gott verbunden. Sie stellte dar, wo der Mensch in der Schöpfung seinen Platz hat, wo er hingehört und wie Schöpfung und individuelles Leben zusammenspielen müssen, wenn Gesundheit die Folge sein soll. Krankheit ist die Folge, wenn der Mensch seinen Platz in der Schöpfung nicht erkennt oder ihn nicht annimmt. Hildegard holte den bis dahin unantastbaren Gott, der sich hinter den Sphären befinden sollte, in die Schöpfung hinein. Gott und Erde sind bei ihr nicht voneinander zu trennen. Die Schöpfung ist bei ihr von Gott für den Menschen gemacht. Der Schöpfer selbst ist in allem, was existiert, für den Menschen gegenwärtig. Darin ist sie ganz modern.

Sie sagt, – und zwar spricht hier Gott durch sie: „Ich, das feurige Leben der Gottwesenheit, flamme dahin über die Schönheit der Felder. Ich leuchte in den Wassern, Ich brenne in der Sonne, im Mond, in den Sternen, in jeglichem Geschöpf bin Ich die lodernde Kraft.“[1] Das war für die damalige Zeit etwas Ungeheuerliches. Auch heute noch wird dies in den Kirchen nicht anerkannt.

Hildegard sah die Ursachen der Krankheiten so: Der Mensch war ursprünglich gut und daher ohne Leid und Krankheit. Erst mit der Sünde kam die Krankheit in die Welt. Doch so abscheulich auch eine Sünde oder ein Fehler sein mag, das Positive in Hildegards Denken ist, daß in jedem darauffolgendem Leid die einmalige Chance liegt, zu wachsen und vollkommener zu werden. Erst das Böse bzw. das Leid versetzt den Menschen in die Lage, sich voll dem Licht zuzuwenden.

Das Universum, die Elemente, Wind, Gestirne, alles, was existiert, beeinflußt den menschlichen Körper und wirkt auf seine Säfte ein. Dadurch wird sein Zustand, vor allem seine Stimmung, gefärbt. Der Mensch ist ein Mikrokosmos und ähnlich aufgebaut wie der Makrokosmos, das Universum. Der Mensch im Zentrum der Schöpfung – das war damals eine Blasphemie! Jeder Teil des Körpers ist bei Hildegard einer kosmischen Sphäre zugeordnet und mit dieser verbunden. Die Sphären beeinflussen den Menschen, doch dieser ebenso umgekehrt die Schöpfung. Katastrophen z.B. sind das Ergebnis menschlichen Fehlverhaltens. Man höre und

---

[1] Allgeier, K.: Die Rezepte der großen Wunderheiler. Heyne Verlag, München, 1984

staune – dies 1200 n. Chr. in der katholischen Kirche! Der Mensch hat bei Katastrophen den Kosmos bewegt, indem er am entsprechenden negativen Faden zog. Jedes negative Ergebnis in Körper und Umwelt ist bei ihr Folge von schlechten Handlungen, von schlechten oder falschen Gedanken und der Natur zuwiderlaufenden Wünschen und Neigungen des Menschen.

Dieser Satz entspricht vollkommen unserer heutigen Medizin, die wir hier vorstellen. Auch Hildegard kennt den Teufelskreis, der sich aus der Disharmonie zwischen Körper und Seele ableitet. Der Körper kann nicht heil werden, solange die Seele leidet. Die Seele kann nicht gesunden, wenn der Körper leidet. Nur wer beides, Leib und Seele, gleichzeitig zu heilen versucht, kann zur Gesundheit zurückfinden oder einen anderen zurückführen.

Konkret hat sie die Heilwirkungen von Kastanie, Petersilie, Fenchel, Dinkel, Muskatnuß, Honig usw. empfohlen. Sie wußte, daß der Mensch mit allen seinen körperlichen Bestandteilen der Natur, der Umwelt, entstammt und dementsprechend zusammengesetzt ist. Es besteht kein Widerspruch zwischen geistiger und natürlicher Auffassung der Medizin, wie bei allen großen Heilkundigen. Der Mensch findet also auch in der Natur die Kräfte, die seinen Körper stärken. Heilen kann den Körper nur seine Selbstheilungskraft, sofern die seelischen Ursachen beseitigt sind. Wie erwähnt, war der Einfluß der Hildegard von Bingen auf die Heilkunde des Mittelalters leider zu gering und die Heilkunde degenerierte weitgehend.

Theophrastus Bombastus von Hohenheim, der sich selbst Paracelsus nannte, führte die Heilkunde aus diesem Tal heraus. Er sagte: „Es gibt keine Heilmittel und auch keine Heilkräfte, die man in den Körper hineinschütten könnte. Nicht die Pflanze heilt, nicht ein chemisches Pulver, nicht Hitze und auch nicht Kälte. Heilen kann nur einer, es ist der

ALTERIVS NON SIT. QVI SVVS ESSE POTEST.
AVREOLI THEOPHRASTI AB HOHENHAIM.
EFFIGIES SVÆ ÆTATIS 45.
15 AH 38

unfaßbar kundige und unbegrenzt tüchtige Heilmeister in uns. Er ist imstande, alles zu kurieren. Wenn ein Mensch krank wird, dann nur, weil der innere Arzt und Heiler durch ein falsches Leben geschwächt und behindert wurde. Wenn ich heilen will, kann ich nichts anderes tun, als Ihm, dem inneren Arzt und Heiler, zu Kräften zu verhelfen. Das ist genauso, als wenn ich eine halberloschene Glut wieder entfachen will. Ich brauche dazu kein Feuer, sondern nur einen winzigen Funken. Ein Funke genügt doch auch, um einen ganzen Wald in Brand zu setzen. Suche also den Funken, der das Feuer deiner Heilkraft in dir entzündet."[1]

Paracelsus lebte von 1493–1541, geboren trotz adliger Herkunft in armen Verhältnissen in Einsiedeln in der Schweiz, gestorben in Salzburg, vielleicht durch einen Mordanschlag. Zeit seines Lebens war er ein Außenseiter und lag im Kampf mit den herrschenden Meinungen. Die große Menge dessen, was er an Neuem lehrte und schrieb, läßt den Schluß zu, daß auch er inspiriert war. Sein seherisches Testament in der Art seines Zeitgenossen Nostradamus ist ein Hinweis darauf. Z.B. schreibt er: „Die Zeit ist gekommen, wo sich alle Erde erneuern und verjüngen wird, und der Herr wird selber regieren die Welt. Er wird aufbauen das ewige Jerusalem, und Er wird das Regiment behalten von Geschlecht zu Geschlecht."[1] Er war seiner Zeit so weit voraus, daß ein Verständnis zwischen den etablierten Mächten und ihm unmöglich bestehen konnte. Aber auch der jetzigen Zeit wäre er medizinisch und theologisch voraus. Er würde, jetzt lebend, Schulmedizin und Theologie ebenso heftig angreifen, wie er es damals tat.

Betrachten wir kurz seine Zeit. Es war, wie heute, eine „Endzeit". Das 500 Jahre lang bestehende mittelalterliche Weltbild brach in sich zusammen, da es seine Basis verloren

---

[1] Allgeier, K.: Paracelsus, Heyne Verlag, München, 1984

hatte. Ausgelöst wurde diese durch den Fall von Byzanz mit Verbreitung des griechischen Wissens über ganz Europa, durch die Buchdruckerkunst, durch Christoph Columbus, durch die Schriften von Kopernikus, Kepler, Galilei, durch Luther, Calvin, Zwingli, durch die Bauernkriege, das Schießpulver, durch die Pest, durch den Niedergang der katholischen Kirche, der im Borgia-Papst Alexander VI. seine Symbolgestalt hat. Dies geschah alles innerhalb von 50 Jahren.

Die das Mittelalter beherrschende Scholastik von Albertus Magnus und Thomas von Aquin hatte behauptet, alle Wissenschaften seien Mägde der Theologie. Dieses Prinzip erkannte Paracelsus an. Aber er erklärte die bestehenden Theologien schlichtweg für falsch, wie es ähnlich auch die Humanisten taten, die Protestanten und auch die Gottesfreunde. Er formte ein neues, umfassendes Weltbild aus Theologie, Philosophie, Medizin, Astrologie und Alchemie. Seine Bedeutung ist heute noch längst nicht erkannt.

Die Strukturen damals in Mitteleuropa waren völlig verkrustet, die Universitäten, Herrscherhöfe und Klöster ohne Leben. In Italien, in Ferrara, lernte Paracelsus ein neues Lebensgefühl kennen. Statt Buße, Tugend, Askese, Verdrängung und Unterdrückung – wobei das alles ja gar nicht mehr gelebt wurde – fand er dort Selbstverwirklichung, Erfüllung, Erleben, Ausleben, Mut, sich zu seinen Wünschen und Neigungen zu bekennen. Dies regte ihn an, alles selbst erfahren zu wollen, was an Kenntnissen existierte. So reiste er durch ganz Europa und lernte kennen, was Doktoren, Barbiere, Bader, Mönche, Hexen, Naturheiler, Mauren, Kelten, Zigeuner, Schamanen ihm zeigen konnten.

Nachdem er somit praktisch und theoretisch seinen eigenen hohen Ansprüchen genügte, attackierte er die Schulmedizin seiner Zeit. Diese war tatsächlich weitgehend unfähig. Neben den alten galenischen Mitteln von Aderlaß und

Klistier gebrauchten sie Quecksilber – in Form von Salben und zum Einnehmen – und im übrigen nur eine reiche Diskussionskunst. Man beachte vor allem das Quecksilber! Auf Galenos aufbauend, überlagerte die Theorie der vier Säfte in einer degenerierten Form alle anderen Einsichten. Man kannte heiß, kalt, naß und trocken. In den Spitälern herrschte nicht die mindeste Hygiene, sondern nur Dreck und Gestank. Dies entsprach auch der Auffassung, daß jede Krankheit eine von Gott geschickte Strafe oder Prüfung sei, in die der Mensch sich nicht einmischen dürfe.

So breiteten sich Seuchen, wie Pest, Cholera, Pocken, Syphilis, Tuberkulose und Lepra rapide aus. Die etablierten Mediziner, vor allem der Universität Basel, reagierten auf seine Angriffe mit Diskriminierung. Wäre Paracelsus nicht immer wieder geflohen, hätte sein Leben schon früh im Kerker oder beim Henker geendet. Immerhin 21 seiner Schüler wurden gehenkt.

Welches waren nun seine wichtigsten medizinischen Erkenntnisse? Es war – natürlich – eine Ganzheitsmedizin. Nie beurteilte oder behandelte er ein Symptom oder den Körper allein, immer gleichzeitig Seele und Geist. Sein Ziel war die Harmonie von Körper, Seele und Geist untereinander und mit der gesamten Schöpfung. Jede Krankheit war für ihn Disharmonie innerhalb dieser vier Ebenen. Die Einheit von Empfindungen, Gedanken, Worten und Werken war für ihn die Voraussetzung für das Gesundbleiben. Er wußte und schrieb, daß ein einziger falscher Gedanke krank machen konnte. Er sah nur eine entscheidende Krankheitsursache, nämlich den Ungehorsam gegen das göttliche Gesetz. Darunter allerdings verstand er nicht einen dogmatischen oder gar pharisäerhaften Verhaltenskatalog, wie die Kirche ihn bot, sondern das göttliche Gesetz war für ihn die in jeder Seele angelegte Bestimmung, der Auftrag der Seele im Rahmen der gesamten Schöpfung. Er nannte dieses dynamische Lebensprinzip in jeder Seele den Archeus.

Ein starker Archeus, sagte Paracelsus, sei wie eine kräftige Flamme, deren Kraft das Leben des Körpers erhellt, und ein Körper ohne diesen Archeus sei tot. Wenn dieses Feuer jedoch zum Flämmchen wird, wird der Mensch gesundheitlich anfällig und krank. Aufgabe jeder Heilung mußte es sein, die Flamme wieder zum Lodern zu bringen, also den Archeus stark zu machen. Den dazu nötigen winzigen Funken aber findet man im Arkanum – das waren seine beiden Hauptbegriffe, Archeus und Arkanum – und dieses Arkanum ist die Seele, sowohl der Mineralien, der Metalle, der Pflanzen, als auch der Worte und der Gefühlsregungen!

Paracelsus sprach jeder noch so flüchtigen Äußerung, den Worten, Gefühlen, Empfindungen, Gedanken, ebenso wie Mineralien, eine Wesenheit zu, der ein gutes oder schädliches Arkanum innewohnt, je nachdem, ob Liebe oder Haß die Prägung ist. Dieses Arkanum würden wir z.B. als Schwingung bezeichnen, Auffassungen, wie sie heute nach wie vor noch nicht allgemein erkannt sind.

In der Auslegung der Verstöße gegen das göttliche Gesetz unterschied Paracelsus fünf Krankheitsursachen[1], er untergliederte also: 1. Ens astrale (ens = das Seiende, das Wesen, die Ursache), das sind sämtliche Umwelteinflüsse, Wetter, Klima, Landschaft, biorhythmische Voraussetzungen bis hin zu den großen kosmischen Rhythmen. Gesund sei also nur, was sich in diese Zyklen einfügt und mit den Zyklen der ganzen Schöpfung in Harmonie ist. 2. Ens venale, das sind Verunreinigungen und Vergiftungen, z.B. Berufskrankheiten, die er schon ausführlich untersucht hat. 3. Ens naturale, das sind die anlagebedingten Leiden, also Erbschä-

[1] Schipperges, H.: Paracelsus. Ernst Klett Verlag, Stuttgart, 1974

den, sogenannte konstitutionelle Leiden. 4. Ens spirituale, das ist ein geistiges Fehlverhalten oder eine Fehleinstellung, z. B. Angst oder übermäßige Sorge als eine Hauptkrankheitsursache. 5. Ens deale, das sind schicksalhafte Fügungen, die dem Menschen oft nicht einsehbar sind, die aber immer auf einem Ungehorsam gegen den Willen Gottes beruhen. Wir würden dies heute als Karma bezeichnen.

Paracelsus sah die Ursache einer Krankheit also nicht in einer Strafe Gottes, sondern in der seelisch-geistigen Fehlhaltung des Menschen selbst. Und nur dort, im Menschen selbst, findet sich auch die Kraft zur Gesundung, denn im Menschen ist der innere Arzt und Heiler. Krank wurde seiner Meinung nach, wer gegen die göttlichen Gebote der Liebe und Freude verstößt, wer sich selbst nicht annehmen kann oder will, wer sein Schicksal nicht akzeptieren und bejahen kann, wer mit seinen Mitmenschen und letztlich damit auch mit Gott nicht zurechtkommt. Genau das ist unsere Medizin. Was davon aber finden wir in der Schulmedizin?

Entsprechend den fünf Entes, den Ursachen, unterschied er auch 5 Hauptwege der Heilung[1]:

1. Den natürlichen Weg. Darunter verstand er die Anwendung der Naturkräfte, im weitesten Sinne also gesunde Nahrungsmittel, gesundes Wasser, gesunde Luft, Klima, Wärmereize, Kältereize oder allgemein positiv wirkende Heilkräuter.

2. Den spezifischen Weg. Dies war für ihn die Anwendung eines erprobten Heilmittels gegen eine ganz bestimmte Krankheit, also z. B. wieder Abführmittel gegen Verstopfung usw.

3. Den charakteralen Weg. Damit meinte er, in Anlehnung an die Scholastik, eine Heilung durch suggestive

---

[1] Schipperges, H.: Paracelsus. Ernst Klett Verlag, Stuttgart, 1974

Beeinflussung, gebunden an die Persönlichkeit des Arztes. Voraussetzung dafür waren Vertrauen und Glauben von seiten des Patienten.

4. Den geistigen Weg. Darunter fielen sowohl die einfachen Segenswünsche, sofern sie von Herzen kommen, wie auch die Heilung durch Gedankenkraft, durch Hinführung zu einer positiven Grundhaltung und durch Geistheilungen. Unter Geistheilungen verstand er, daß der Arzt den Geistern in den Kräutern müsse gebieten können, aber auch Heilungen durch Geistwesen.

5. Den Glaubensweg. Dies entsprach den Wunderheilungen, wie Jesus Christus und die Apostel sie vollbracht haben.

Was hat die heutige Medizin aus dieser Fülle herausgegriffen? Doch weitgehend nur den spezifischen Weg: ein bestimmtes Heilmittel gegen eine bestimmte Krankheit, und immer „gegen". Alles andere gilt heute als Außenseitermedizin. Dabei ist zu bedenken, daß Paracelsus der Begründer wissenschaftlich exakter Heilkunst war, seine Analysekunst war berühmt. Doch zwischen diesen verschiedenen Prinzipien, diesen 5 Hauptwegen, gab es bei ihm keinen Widerspruch, sondern eine Einheit.

Paracelsus war sehr gläubig. Er sah jedoch in beiden christlichen Religionen die Dogmen als falsch an und speziell im neu aufkommenden Protestantismus die viel zu starke Düsternis. Die Kirchen waren geprägt von Angst und Angsteinflößung, von schlechtem Gewissen und Drohungen: Wer nicht nach den Geboten lebt, wird ewig verdammt sein. Die Hölle wurde den verschreckten Gläubigen in fürchterlichen Bildern vor Augen geführt, eine kuriose Ganz-Tod-Theorie beherrschte die Vorstellungen. Konnten die Menschen Vertrauen fassen zu einem Vater im Himmel, der so viel Grausamkeit für seine Kinder bereithielt? Schließlich wurde die Erde als Tal der Tränen dargestellt.

Paracelsus sagte nein. Diese Grundhaltung war nicht in der Lage, zur Gesundung beizutragen. Paracelsus meinte, daß wir Gott mit solchen Sorgen und Ängsten, mit solchem Zittern und Zagen unentwegt beleidigen. Deshalb konnte er mit keiner Theologie zurechtkommen.

Er unterschied innerhalb der Heilkunst vier Säulen. Die erste Säule ist die Philosophie der Natur. Er sagte, der Arzt muß aus der Natur wachsen. „Was ist denn die Natur anderes als gestaltgewordene Philosophie, was ist Philosophie anderes als unsichtbare Natur?" fragte er. „Wer Sonne und Mond kennt, der weiß auch, wie sie aussehen, wenn er sie gerade nicht sieht. Er trägt Sonne und Mond in sich, so wie sie am Firmament stehen. Auf gleiche Weise soll der Arzt den Patienten mit geistigen Augen durchschauen, als ob er durchsichtig wäre. Im Spiegel des Inneren des Kranken muß er die Krankheit erkennen, genauso, wie sie ist, und nicht, wie er sie sich ausmalt."[1] Gesund war bei ihm also das Natürliche. Wo die Natur im Menschen unterdrückt wird, nimmt die Krankheit ihren Anfang. Gott und Natur sind bei ihm kein Widerspruch.

Die zweite Säule wird von der Astronomie und Astrologie gebildet, was zu seiner Zeit ebenfalls keinen Widerspruch darstellte. Er sagte: „Die Vorgänge im Körper laufen synchron mit dem Lauf der Gestirne. Im Menschen ist das Firmament. Mit dem Kind wird gleichzeitig sein Firmament geboren."[2] Wir würden dies heute als kosmische und auch als Bio-Rhythmik bezeichnen. Heute ist bekannt, daß das beste Medikament schlecht wirkt, wenn es zum falschen Zeitpunkt gegeben wird. Wir wissen den Tagesrhythmus vieler Hormone, alles das wußte Paracelsus auch schon. Wir wissen, daß der Körper selbst radioaktive Strahlen morgens

---

[1] Allgeier, K.: Paracelsus. Heyne Verlag, München, 1984
[2] Allgeier, K.: Paracelsus. Heyne Verlag, München, 1984

besser verkraftet als abends. Und Paracelsus wußte, daß Heilpflanzen, die man in den frühen Morgenstunden pflückt und noch dazu bei zunehmendem Mond, viel kräftiger sind. Jedoch war er nicht der Meinung, der Mensch würde von den Sternen regiert. Er sagte: „Die Sterne sind zum Dienst am Menschen geschaffen. So sage ich euch in Wahrheit, daß die Gedanken vollbringen, was Gestirne und Elemente nicht vermögen. Gedanken übertreffen das natürliche Licht, Gedanken schaffen einen neuen Himmel, ein neues Firmament, eine neue Kraft, aus welcher neue Künste und Leben fließen."[3] Daraus ergibt sich klar, daß die Gedanken die zentrale Kraft sind, der alle organischen Kräfte und sogar die Sterne, soweit sie unser Firmament betreffen, unterworfen sind. Negative Gedanken machen krank, positive Gedanken können heilen, dann besteht eine Einheit zwischen Geist und Natur im Menschen. Das war die zweite Säule.

Die dritte Säule der Medizin war die Alchemie. Sie wird heute vollkommen mißverstanden als Goldmacherkunst. Paracelsus verstand darunter die Kunst, die Natur in vollendeter Form anzuwenden. Denn die Natur stellt uns nichts so zur Verfügung, als daß es schon vollkommen wäre. Der Alchimist beginnt, wo die Natur aufhört. Gott hat seine Macht in Kräutern, Steinen, in Samen verborgen, und diese Macht, das Arkanum, sollte der Arzt suchen und finden in Form der Alchemie. Das ist eine sehr sinnvolle Auffassung. Eine heute noch bestehende Methodik ist die Spagyrik. Ein in solcher Weise gewonnenes Medikament würde den Körper nie vergewaltigen, sondern ihn in die Lage versetzen, zur Selbstheilung zu kommen. Paracelsus verstand das Symptom als Alarm. Was tut die heutige Medizin? Sie schaltet den Alarmknopf aus. Wird damit die Ursache beseitigt?

---

[3] Allgeier, K.: Paracelsus, Heyne Verlag, München, 1984

Schwerlich! Dieser Ursache war Paracelsus näher als die heutige Medizin.

Als vierte Säule der Medizin nannte Paracelsus die Tugend, vor allem die Tugend des Arztes. Der Arzt dürfe kein „Larvenmann“ sein, sagte er, nämlich jemand, der sein wahres Wesen hinter einer Maske versteckt, sondern er müsse ein wahrhaftiger Mann sein. Sind das die heutigen Ärzte? Er verlangte somit ein hohes Ethos, höchstes Verantwortungsgefühl, Nächstenliebe und Qualifikation, begründet auf Talent und Erfahrung. Ein solcher Mensch wäre ein Heilkundiger, aber nicht ein „Mediziner“.

Den Hauptschwerpunkt, um es noch einmal zu sagen, legte Paracelsus auf die Tatsache: Die Ursache aller Krankheiten, auch derer mit scheinbar äußerer Beeinflussung, ist seelischer Natur. Die eigentliche Ursache ist die falsche geistige Einstellung zum Leben, zur Schöpfung, zur Natur, zu Gott. Voraussetzung für die Gesundheit ist die Harmonie, das Eins-werden mit sich selbst und mit Gott. Er sagte z. B., die Pest könne sich nur ausbreiten, weil die Seelen der Menschen vergiftet wären.

Selbstverständlich gab es auch bei ihm direkte Auslöser für Krankheiten; er war ja Pest-Arzt, er kannte die Ansteckung, allerdings hat er sie nicht öffentlich bekundet, weil er ohnehin nur ausgelacht worden wäre. Aber für ihn wurden die Menschen nicht krank, weil sie mit den Erregern der Pest in Berührung kamen, sondern weil ihr Abwehrsystem diesem Angriff nicht gewachsen war. Und wir wissen: innere Unruhe, Unfrieden, seelische Belastungen reduzieren die Abwehr des menschlichen Körpers, und daraus resultiert eine Infektion; damals war es die Pest, heute sind es Aids oder Krebs.

Für Paracelsus war die Vorstellung klar, daß die Erde erfüllt ist mit Geistern, die in das Leben der Menschen eingreifen. Dies stimmt überein mit der Bibel; Geister kommen in der Bibel oft genug vor. Doch eine andere, eine von Menschen geschaffene Art von Geistern interessierte ihn viel mehr, nämlich: Jedes Wort, jeder Gedanke, jede Empfindung könne zu einem selbständigen Wesen werden, das existent bleibt und Macht und Wirkung besitzt wie ein Geist, also ein Geistwesen. Er sagte: „Alles, was der Geist (jetzt ist der Geist im Menschen gemeint) sich lebhaft vorstellt, was im Gemüt heranwächst und sich in Gedanken manifestiert, wird zu einer Wesenheit. Jeder Gedanke ist wie ein Same. Je mehr er uns beschäftigt und wir darüber nachdenken, desto leibhaftiger nimmt er Gestalt an. Schließlich beginnt er zu leben in dem Moment, wo er von einem starken Wunsch oder einer Sehnsucht beseelt wird.“ [1] Solche selbst-fabrizierten Geister konnten nun von einem Menschen Besitz ergreifen, entweder von ihrem Produzenten selbst oder von dem andern, dem sie zugedacht sind. Und je nach ihrer positiven oder negativen Energie konnten sie helfen oder schaden. Zwar wußte er, daß der göttliche Geist im Menschen über eine solche Besitznahme erhaben ist, ebenso ein im wahren göttlichen Geist gefestigter Mensch, nicht aber ein Mensch mit innerer Disharmonie. Diese Sätze entsprechen also denen der altägyptischen Medizin, ja, sie sind zeitlos gültig. Die heutige Schulmedizin jedoch hat sie vergessen und unterdrückt.

Paracelsus überzeugte jeden Kranken von folgendem Satz: Der Mensch muß ein klares Ziel vor Augen haben, z.B. die Gesundheit und das, was er dann damit anfängt. Dieses Ziel muß er sich immer klarer vorstellen und ausmalen, in seinem Geist Gestalt annehmen lassen, bis es herangewachsen ist. Das Ziel wächst heran. Dann braucht er nur noch den festen Wunsch, dieses Ziel möge zu leben beginnen, Wirklichkeit werden, dann findet es statt. Unter dem

[1] Allgeier, K.: Paracelsus. Heyne Verlag, München, 1984

festen Wunsch allerdings verstand er etwas anderes als die verbissene Jagd nach Erfolg, aufbauend auf einem falschen Ehrgeiz, wie es heutzutage die Gesellschaft prägt; es ging ihm nicht um den Eigenwillen als Triebkraft, sondern um den Willen, der eingebettet im Glauben ist, im Vertrauen auf Gott. Der Eigenwille, gerichtet gegen den göttlichen Willen, verkrampft; der Wille, eingebettet in den göttlichen Willen, befreit. Ein solcher unbedingter Wunsch, der im Einklang steht mit dem Archeus, also der in jeder Seele angelegten Bestimmung, und damit auch übereinstimmt mit dem Willen Gottes, ein solcher Wunsch geht in Erfüllung. Welcher Ganzheitsmediziner arbeitet nach diesem Prinzip?

Anläßlich der Medica 1986, der größten Medizinmesse der Welt, fand eine Vortragsveranstaltung statt zum Thema: „Ganzheitliche Medizin, neue Wege zur Gesundheit?“ Man fragt sich: Sind das neue Wege? Prof. Bock aus Tübingen vertrat hierbei die sogenannte Schulmedizin. Das Deutsche Ärzteblatt referiert in Heft 1/1987 seine Ausführungen. Zitat: „Für Bock ist das Ganzheitsstreben in der Medizin nicht ganz neu. Allerdings sei es nach wie vor schwierig, dem Ganzheitsstreben stets und auf Dauer gerecht zu werden. Für Bock ist deshalb das Streben nach Ganzheit eine zwar notwendige, wenn auch weitgehend nicht realisierbare Utopie. Sie werde stets nur Annäherung bleiben. Der Patient selbst wisse, daß nicht jede Krankheit und jede Schmerzhaftigkeit den ganzen Menschen in Mitleidenschaft ziehe, sondern daß man peripherisieren, separieren, bagatellisieren kann und darf, und in Zeitnot auch muß. Die Forderung nach einer permanenten Ganzheitsmedizin hält Bock für unrealistisch.“

Ist das, was diese Sätze widerspiegeln, nun die neue Medizin unserer Zeit? Eine Medizin, die außer ihren technischen Möglichkeiten und ihren chemischen Medikamenten weit hinter die Heilkunst des Paracelsus zurückgefallen ist? Die Geißeln der Menschheit unserer Zeit, Krebs und Aids, zeigen, daß die Schulmedizin das Ende ihrer Sackgasse erreicht hat.

Was leisten z. B. chemische Medikamente? Sie haben vom Prinzip her nicht nur Hauptwirkungen, sondern auch Nebenwirkungen. Die Nebenwirkungen sind durchweg schädlich. Aber auch die Hauptwirkungen sind oft nicht positiv. Die beiden Hauptvertreter sind nach wie vor Antibiotika und das Cortison. Antibiotika sind ja, wie der Name schon sagt, anti bios, gegen das Leben gerichtet. Sie zerstören die einzelligen Erreger, aber sie zerstören auch Zellen im menschlichen Körper, vor allem in der Darmflora, im blutbildenden Knochenmark und in der Körperabwehr. Außerdem befinden sich im menschlichen Körper viele sogenannte Symbionten, die an der Gesunderhaltung mitwirken. Diese Symbionten halten das Milieu oder Terrain aufrecht. Und nur bei einer Schädigung dieser Symbionten kann ein Erreger eine Krankheit hervorrufen. Gerade diese werden aber durch Antibiotika geschädigt, die körpereigene Abwehr wird geschwächt. Jeder von uns weiß, daß wir nach der Behandlung mit Antibiotika meist eine andere Infektion bekommen, z. B. durch Viren oder Pilze. Cortison, mit dem heute viele Krankheiten behandelt werden, für die es keine ursächliche Behandlung zu geben scheint, hat ja als Hauptwirkung eine Schwächung der Körperabwehr. Auch nach Cortisonbehandlung erleiden wir meist eine andere, oft eine schwerere Krankheit. Es ist deutlich, daß die schulmedizinischen Medikamente gerade jene Körpersysteme lädieren, die wir in Zukunft bei der Auseinandersetzung mit Krebs, Aids und der Radioaktivität besonders brauchen.

Betrachten wir die Pflanzenheilkunde. Noch bis vor kurzem konnten Pflanzen als vorteilhaft gelten, da sie überwiegend ohne Nebenwirkungen den menschlichen Körper mit positiver Energie versorgen konnten. Pflanzen enthalten hohe Schwingungen, wie wir heute sagen – oder ein hohes Arkanum, wie Paracelsus gesagt hätte –, und sie führen energiearmen Organen Energie zu. Die Pflanzen aber ringen seit Tschernobyl und anderen Umweltvergiftungen selbst um ihr Überleben. Sie enthalten nicht mehr die Kraft, das Arkanum, das nötig wäre, um einen kranken Körper zu stärken. Eine Heilung mit Pflanzen dürfte in Zukunft immer weniger möglich sein.

Betrachten wir die Homöopathie. Ihr Prinzip besteht darin, daß eine Urtinktur oder Ursubstanz zunehmend verdünnt und dynamisiert, d.h. potenziert, wird. Bei höheren Potenzen handelt es sich nicht mehr um eine materielle, sondern um eine immaterielle Behandlung, also eine reine Schwingungsbehandlung. Damit ein homöopathisches Mittel eine gute Schwingung auf den Menschen übertragen kann, muß aber auch die Urtinktur diese aufweisen. Das ist in Zukunft nicht mehr der Fall, da alle Ursubstanzen Mixturen von positiven und negativen Substanzen, also Giften und sonstigen schädigenden Stoffen, sind. Somit kann auch die Homöopathie uns in der Zukunft keine wesentliche Hilfe mehr sein.

Schauen wir uns den Zustand der heutigen Medizin an. Können wir der Apparate-Medizin und der medizinischen Wissenschaft glauben, daß sie z.B. mit Krebs fertigwerden wird? Auch der Vorsitzende der Deutschen Ärztekammer, Carsten Vilmar, bestätigt meine Überzeugung, daß ein gewisser Verdacht besteht, daß die Medizin es nicht nur nicht kann, sondern auch nicht will. Die Medizin ist zunehmend eine „weiße Industrie" geworden; sie unterliegt konzernabhängig dem Gewinnmaximierungssystem des Kapitalismus, wobei der Kommunismus dies nur verschleiert bzw. imitiert. Privatwirtschaftliche Krankenhäuser, wie z.B. in den USA, und die pharmazeutische Industrie müssen Gewinne machen. Wäre diesen Konzernen geholfen, wenn wir gesund würden? Doch wohl nicht. Der Gesamtumsatz des Bereiches um den Krebs auf der Erde beträgt einige hundert Milliarden Dollar. Der Umsatz bei Aids liegt heute schon bei über einer Milliarde Dollar. Ein Sieg über den Krebs oder auch Aids, der neuesten Gewinnhoffnung, würde der medizinischen Industrie erheblichen Schaden zufügen. Eine Hoffnung, daß die medizinische Wissenschaft die Menschheit gesund machen will, sollten wir nicht haben.

Ein Kranker, der sich heute einem Arzt anheimgibt, muß damit rechnen, daß er iatrogen, also vom Arzt, d.h. durch die ärztliche Behandlung hervorgerufen, geschädigt wird. Zwanzig bis dreißig Prozent der Krankenhauseinweisungen gelten bereits als iatrogen. Kommt der Patient ins Krankenhaus, folgen die Schädigungen durch risikoreiche Diagnostik und Therapie, durch Doppelblindversuche und durch hospitalisierte Keime. Die Kranken werden beruhigt, sie würden nach dem gegenwärtigen Stand der Wissenschaft optimal behandelt. Aber was ist dieser gegenwärtige Stand der Wissenschaft? Er ist doch nur das, was in einigen Jahren überholt sein wird und überwiegend als falsch erkannt werden wird. Denn schauen wir zurück in die Vergangenheit: Was vor Jahren galt, gilt heute nicht mehr, es gilt überwiegend als falsch. Die Halbwertszeit medizinischen Wissens beträgt 3–5 Jahre. Warum sollte dann das, was jetzt wissenschaftlich als richtig gilt, sich in Zukunft als korrekt erweisen? Dazu besteht keine Veranlassung.

In die materialistische medizinische Wissenschaft sollten wir keine Hoffnung setzen. Im Strom der Geschichte ist die Schulmedizin nur eine hundertjährige, also kurze Episode, geprägt von Hochmut und Überheblichkeit. Die Schulmedizin ist voll abhängig von einer perfekten, hochentwickelten chemischen und apparatetechnischen Industrie. Diese wird ebensowenig wie die Medizin dauernden Bestand haben, denn die Schäden sind in beiden Fällen größer als der Nutzen.

Wir brauchen eine neue Medizin, eine solche, die mit dem arbeitet, was die Welt nicht bieten und auch nicht zerstören kann. Wo finden wir diese neue Medizin? Es sind die Inhalte, die in den beschriebenen heilkundlichen Grunderkenntnissen seit 5000 Jahren fast unverändert vorzufinden sind. Diese alte Medizin, speziell die des Paracelsus, wird auch die Medizin in der Zukunft sein.

Das bedeutet keine „Barfußmedizin“, wie oft gesagt wird; es sollen in Diagnostik und Therapie ruhig alle nichtschädigenden und nebenwirkungsfreien Möglichkeiten genutzt werden, auch technische Möglichkeiten, solange es die Technik noch gibt. Aber wir wissen: die feinsten Schwingungen, die im menschlichen Körper die wichtigsten Informationen übermitteln, kann die modernste Technik bis heute nicht imitieren. Man könnte diese neue Medizin bezeichnen als eine Psychosomatik, die vom Kopf auf die Füße gestellt wurde. Psyche ist dabei nicht gleich Unterbewußtsein, sondern sie umfaßt vor allem die Seelenhüllen und die Seele mit allen Belastungen aus früheren Leben und aus diesem Leben. Die Therapie führt dann zu einer Befreiung von diesen negativen Energiefeldern, die erkennbar sind an negativen Empfindungen, Gedanken, Worten und Taten, an Neid, Haß, Wut, Aggressionen, Verdrängungen und Unterdrückungen.

Diese neue Therapie führt zum inneren Frieden. Man könnte auch sagen, es ist eine Anwendung der Bergpredigt in der Heilkunde. Wir wissen: eine positive Seele mit positiven Gedanken und Worten kann den Körper heilen. Wir wissen: Alles im Universum ist Energie. Die höchste Energieform im Universum ist die Liebe. Damit ist auch das universelle Heilmittel bei Krankheiten die selbstlose Liebe; kurz gesagt: Liebe heilt. Die Mittel dazu sind die Selbsterkenntnis, das Vergeben, das Um-Vergebung-Bitten, das Bereuen, das Wiedergutmachen soweit möglich, das Nichtwieder-Tun bezüglich der erkannten Fehlhaltungen bzw. des erkannten Fehlverhaltens, und das Sich-Verändern, indem der nächste Tag bereits als ein neues Leben mit allen neuen Chancen aufgefaßt wird. Die Krankheit ist bei dieser Auffassung nicht ein lästiger Störfall, der uns zum Arzt treibt, wie wir ein Auto in die Werkstatt bringen, sondern eine Aufforderung, eine Chance, sogar eine Gnade. Nutzen wir sie, werden wir dafür dankbar sein und uns Schritt für Schritt vervollkommnen, bis die seelischen Ursachen der Krankheiten in uns nicht mehr vorliegen.

Jesus von Nazareth meinte dies, als Er sagte: Gehet hin und sündigt fortan nicht mehr.

IV. DIE ZUSAMMENHÄNGE ZWISCHEN DEN BEWUSSTSEINSZENTREN UND DEN ORGANEN DES KÖRPERS

Die sieben Bewußtseins- oder Energiezentren sind immaterielle Gebilde. Sie sind Knotenpunkte, Verteilerstellen der in uns fließenden göttlichen Energie. Wenn das Empfinden, Denken, Sprechen und Handeln des Menschen auf Gott ausgerichtet ist, sind sie frei; dann kann die göttliche Energie ungehindert aus der Seele in die Zentren und die angeschlossenen Organe fließen. Alle Verstöße gegen die geistigen Inhalte der Zentren bewirken Blockaden; dadurch verlieren die dazugehörigen Organe Energie und können krank werden.

1. Das Bewußtseinszentrum der Ordnung

Das Zentrum der Ordnung liegt im Bereich des Steißbeins. Es ist das unterste Zentrum und ist sozusagen die Basis für die weiteren Zentren, die des Willens, der Weisheit, des Ernstes, der Geduld, der Liebe und der Barmherzigkeit. Wer das Göttliche in sich erschließen möchte, muß mit der Ordnung beginnen.

Was ist mit Ordnung gemeint? Es gibt mehrere Ordnungen in unserem Leben. Zum einen die rein äußere, die wir um uns schaffen und haben, z.B. in unserer Wohnung, zum anderen die Ordnung, die Harmonie im Zusammenleben mit unseren Mitmenschen – lehnen wir sie ab oder bejahen wir sie? –, die Ordnung vor allem in der inneren Beziehung mit unserem Partner: haben wir negative Empfindungen, Gefühle, Gedanken? Wollen wir ihn besitzen oder binden? Schließlich die Ordnung mit uns selbst: nehmen wir uns an, sehen wir das Positive in uns, bejahen wir uns oder nicht?

Als Wichtigstes sei genannt die Ordnung unserer Empfindungen und Gedanken, denn die Ursache aller Krankheiten sind negative, falsche Gedanken. Jeder negative Gedanke kann, wenn er sich verstärkt, wenn er zum Komplex wird, eine Krankheit auslösen. Dies haben die Ärzte schon vor Tausenden von Jahren erkannt. Zudem: stimmen Empfindungen, Gedanken, Worte und Taten überein?

Wir sollten jeden Gedanken überprüfen und ihn, wenn er negativ ist, auswerten, im Gebet Christus übergeben und durch einen positiven Gedanken ersetzen. Wenn wir dies tun, dann wird auch im Laufe der Zeit das Zentrum der Ordnung in Ordnung kommen, die unten genannten Krankheiten werden nicht auftreten, oder sie werden vergehen. Gedankenkontrolle ist ein notwendiges Ziel innerhalb der Ordnung.

Zu diesem Zentrum gehören die Organe des kleinen Beckens, die Geschlechtsorgane, die Harnblase, der Enddarm sowie die Beckenknochen mit den Hüftgelenken, die Beine mit den Knien und Füßen.

Männliche Sexualorgane:

Hoden

Den Hoden sind zwei Aufgaben zugeordnet: Zum einen sollen sie die Samenzellen (Spermien) erzeugen – eine außerordentliche Leistung; denn in etwa einer halben Stunde können mehr als 10 Millionen Spermien produziert werden. Jedes Spermium ist ein Kunstwerk, das alle Informationen enthält, die für die Schaffung eines Menschen notwendig sind. Zum zweiten werden von den Hoden die männlichen Sexualhormone produziert, das Testosteron; sie sorgen somit dafür, daß sich die männlichen Eigenschaften ausbilden können. Daraus ergibt sich die Abhängigkeit von seeli-

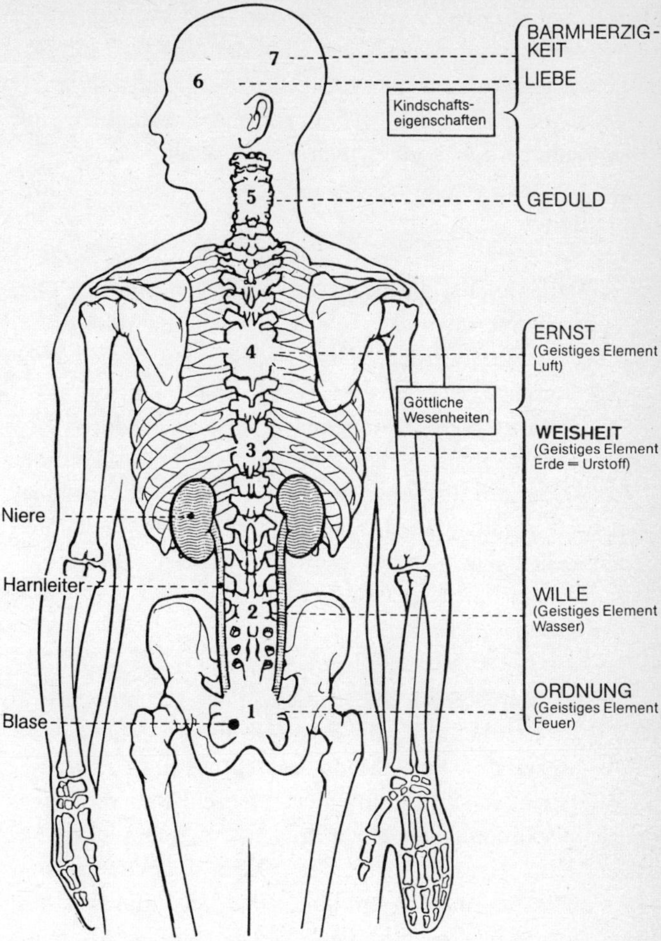

Die sieben Bewußtseins- oder Energiezentren

schen Einflüssen: Ohne Testosteron ist das Verhältnis zwei Drittel männlich und ein Drittel weiblich im Wesen des Mannes nicht im Gleichgewicht, sondern gestört. Der Mann sollte männlich sein, nicht nur ein „Mannsbild".

Trotz (oder wegen?) dieser enormen Aufgaben sind Erkrankungen der Hoden, auch Krebs, selten.

Nebenhoden

Die Nebenhoden, die direkt darüber liegen, sind der Ort, wo sich die Spermien sammeln und wo sie darauf warten, ausgestoßen zu werden. Die Nebenhoden haben eine geringe Aufgabe, werden aber recht häufig krank, vor allem durch Viren nach nicht ausgeheilter Grippe. Dadurch entstehen nicht selten Nebenhodenentzündungen. Darüber hinaus kommt es zu Torsionen, wenn sie sich drehen. Dies kann die Voraussetzung für Schädigungen im gesamten Sexualbereich sein.

Samenbläschen, Prostata

Weiter nach oben kommen die Samenbläschen, sie sind nicht so wesentlich, und die Prostata, die Vorsteherdrüse.

Die Prostata ist beim Mann ein sehr häufig betroffenes Organ, denn sie kann zum einen wachsen, sich verhärten, sie kann zum anderen Knoten bilden, Adenome, und zum dritten kann sie sich entzünden. Diese Krankheiten sind sehr häufig, besonders im höheren Alter; immer dann, wenn eine nicht sehr positive Beziehung besteht zwischen dem Menschen und dem Unterleib, speziell eben der Sexualsphäre, wenn etwas übertrieben oder etwas verdrängt wird, wenn unterdrückt wird, aber auch, wenn eine Form von Streß auf den Mann einwirkt, daß er das Gefühl hat, versagen zu können.

Die Verdrängung oder eine Zwanghaftigkeit jedoch sind nicht eine Überwindung oder gar ein Hochtransformieren, denn dies kann ich nur im Erleben, nicht im Vermeiden erreichen.

Penis

Der Penis wird nicht sehr oft krank, nur die bekannten Geschlechtskrankheiten treten dort auf; sie sind heutzutage nicht mehr so bedeutsam.

Aids wird nicht nur sexuell, sondern durch viele andere Wege übertragen. Die Schwingung, welche die Voraussetzung darstellt für eine Aids-Infektion, hat hingegen viel zu tun mit selbstsüchtigen sexuellen Gedanken.

Weibliche Sexualorgane:

Scheide (Vagina)

Die Scheide ist ein Organ, das immer häufiger erkrankt, weil die normale Flora mit einem sauren pH oft nicht mehr stimmt; die Milchsäurebakterien geraten in den Hintergrund, es treten an ihre Stelle Pilze oder Trichomonaden, mit Ausfluß als Zeichen. Dies ist immer dann der Fall, wenn – wie auch beim Manne – die Beziehung zur Sexualsphäre gestört ist durch Übertreibung oder Unterdrückung. Jede Zelle des Körpers will geliebt werden, auch im Unterbauch; viele Frauen können oder wollen das nicht.

Gebärmutter (Uterus)

Die Gebärmutter ähnelt der Prostata, auch sie kann sich vergrößern, sie kann Knoten bilden, die Myome, und sie kann sich in der Schleimhaut entzünden. An der Periode, etwa alle 28 Tage, kann man erkennen, wie die Gebärmutter funktioniert. Periodenstörungen sind eine sehr häufige Krankheit; auch daran läßt sich erkennen, ob eine gute Beziehung zur Fraulichkeit, zur Weiblichkeit, besteht oder ob sie abgelehnt oder zumindest unterdrückt wird. Weibliche Frauen sind keine „Männinnen", aber auch kein frustriertes Heimchen am Herd. Auch Angst vor einer Schwangerschaft verkrampft stark.

Eierstöcke (Ovarien)

Die Eierstöcke sind den Hoden ähnlich; sie produzieren die Eizellen und die weiblichen Sexualhormone, Östrogene und Gestagene in einem zyklischen Prozeß, der dem Mondrhythmus entspricht. Ohne Östrogene kann eine Frau ihre weiblichen Wesenseigenschaften kaum entwickeln. Diese Organe sind seelisch sehr beeinflußbar und damit zu beeinträchtigen; Eierstockentzündungen und Zystenbildungen sind häufig. Schmerzen in diesem Bereich rühren meistens von den Mutterbändern her, die sich verkrampfen. Verkrampfte Mutterbänder rufen starke Periodenschmerzen hervor. Die Depressivität vor der Periode, die Migräne, hat damit zu tun.

Harnblase

Die Harnblase hat die Aufgabe, den Urin zu sammeln, zu halten, ihn dann aber in rhythmischen Zeitabständen abzugeben. Sie ist scheinbar ein bloßer Hohlmuskel mit einem Schließmuskel, ist aber von der Psyche stark abhängig. Jede Disharmonie des Körperrhythmus wirkt sich auf die Harnblase aus. Wir wissen, daß Streß und Schreck dazu führen, daß der Urin unkontrolliert fließt, und daß wir, wenn wir nervös sind, sehr häufigen Harndrang haben, wie auch Harnverhaltung vorkommen kann.

Dies gilt direkt und auch im übertragenen Sinne: Wenn wir etwas halten wollen, verhalten wir nicht nur den Urin. Der Schließmuskel reagiert nicht richtig, wenn wir etwas nicht loslassen wollen. Das betrifft nicht nur materielle Dinge oder Menschen, speziell den Partner, sondern auch Vorstellungen, Meinungen, Ansichten, Urteile, Vorurteile, auf die wir uns fixieren, und diese Fixierung blockiert die Harnblase. Erwartungshaltungen, ein Binden- und Besitzenwollen, können zur Entzündung der Harnblase führen.

Enddarm

Der Enddarm, der sich an den Dickdarm anschließt, ähnelt der Harnblase, denn auch er soll über bestimmte Zeiträume den Stuhl sammeln, dies melden und anschließend sich öffnen und entleeren.

Das funktioniert nicht immer regelmäßig, Verkrampfungen sind gerade in diesem Bereich sehr häufig. Wir erkennen die Verkrampfung daran, daß wir Verstopfung haben – auch ein Zeichen, daß wir etwas festhalten, binden wollen. Haben wir Durchfall, so ist dies ein immerhin besseres Symptom, denn Durchfall reinigt den Darm, während Verstopfung uns vergiftet. Alles, was sich zu lange im Darm aufhält, führt dazu, daß der Darm einiges resorbiert, etwas aufnimmt, was er nicht sollte, nämlich Gifte, was bis zu einer Umnebelung führen kann. Schließlich merken wir am Vorhandensein von Hämorrhoiden, daß etwas nicht stimmt: Die Verkrampfung der Schließmuskel führt dazu, daß im Darmbereich, im ganzen Bauchbereich ein Überdruck entsteht, und dieser Überdruck bewirkt das Abschnüren der Venen; es bilden sich Hämorrhoiden. Die Leber ist dabei mitbeteiligt. Sollten Hämorrhoiden bluten, ist das sehr gut, denn damit entgiftet sich der Körper und leitet den Überdruck ab; es ist also ein sinnvoller Vorgang.

Wenn wir uns unter einem seelischen Druck fühlen, wenn wir den Eindruck haben, wir „müssen" Dinge schaffen, die wir fürchten nicht schaffen zu können, führt dies leicht zu Hämorrhoiden; aber auch dann, wenn wir uns dem Schicksal, dem Leben, ausgeliefert fühlen und meinen, wir würden gezwungen, statt Herr unserer Entscheidungen zu sein, führt dies ebenfalls zu Hämorrhoiden.

Hüftgelenke

Die Hüftgelenke sind scheinbar rein mechanische Organe: ein Kopf und eine Pfanne, die sich ineinander bewegen. Aber wie kommt es, daß mancher Mensch bis zu 90 Jahren seine Hüftgelenke gar nicht spürt, ein anderer dagegen schon mit 40 oder 50 Jahren deutliche Verschleißerscheinungen hat?

Zum einen hängt es ab vom Übergewicht, zum anderen aber davon, wie wir gehen: Ob wir beschwingt und leicht gehen, mit rhythmischen Bewegungen, d.h. ob unser Gehen harmonisch ist, ob wir aufrecht gehen oder aber wir uns gedrückt, bedrückt dahinschleppen, ob wir nach vorne gebeugt sind wie unter einer Last und dabei das ganze Körpergewicht auf diese beiden Gelenke abladen. Das heißt: Wir bestimmen selbst durch unsere Haltung, wie unsere Hüftgelenke funktionieren, denn unsere äußere Haltung ist Spiegel unseres seelischen Zustandes.

Knie, Sprunggelenke

Ähnliches wie für die Hüftgelenke gilt auch für die Knie- und Sprunggelenke. Die Kniegelenke werden sehr häufig betroffen, denn sie sind an sich von der Natur nicht optimal konstruiert. (Sie dürften gar nicht funktionieren, aber sie tun es doch.) Wir merken sehr häufig bei Meniskus- und Bänderschädigungen, daß wir die Kniegelenke durch Fehlbelastungen überanstrengt haben.

Auch für die Fußgelenke ist entscheidend, ob wir elastisch gehen und stehen oder ob wir bedrückt stehen und gehen.

Welche Krankheiten kommen im Bereich der Beine häufig vor? Es sind dies die Venenerkrankungen, also die Krampfadern, die immer dann entstehen, wenn der Rückfluß des Blutes nicht gut ist, wenn die Muskelpumpe es nicht recht weiterbefördert. Sie treten vorzugsweise auf bei Menschen, die überwiegend stehen oder sitzen und häufig dabei die Beine übereinanderschlagen. Krampfadern sind bei Frauen häufiger als bei Männern. Im übertragenen Sinne: das Blut, der Lebenssaft, die Lebenskraft, will nicht zum Herzen, das heißt, die Emotionalität, die Herzenserschließung, ist nicht so, daß die Kraft dorthin fließt. Mit den übereinandergeschlagenen Beinen ist oft das Verschränken der Arme gekoppelt, eine deutlich sichtbare Abwehrhaltung, ein „Zu-Machen", ein Mißtrauen.

Eine weitere Krankheit der Beine ist die Durchblutungsstörung der Füße. Sie tritt immer dann auf, wenn wir uns im Bereiche der kleinen Gefäße, die zu den Füßen führen, verkrampfen. Wir merken dies dann an den kalten Füßen, speziell an den kalt-schweißigen Füßen; eine Verkrampfung ist die Ursache, außer bei Zuckerkrankheit oder Sklerose, einer Verkalkung der Arterien aus einer anderen Ursache. Auch diese Verkrampfung ist wieder ein direkter Hinweis für uns: wir können an unseren Füßen erkennen, wie unser innerer Zustand ist. Dies gilt ähnlich für die Hände, aber die Füße sind wichtiger, denn kalte Füße sind eine Voraussetzung für weitere Erkrankungen.

„Kalte Füße" bekommen wir, wenn Angst vor der eigenen (fehlenden) Courage eintritt, nach dem Motto: „Mögen täten wir schon wollen, aber dürfen haben wir uns nicht getraut." Also eine Unterdrückungsform.

Die Organe des Zentrums der Ordnung sind zweifellos nicht lebensentscheidend, aber sie bestimmen doch die Lebensqualität ganz erheblich, und sie sind uns deutliche Hinweise, sozusagen Indikatoren dafür, wie es um uns steht.

2. Das Bewußtseinszentrum des Willens

Die Bewußtseinszentren des Willens und der Weisheit umfassen den gesamten Bauchraum.

In jedem von uns besteht ein Widerspruch zwischen göttlichem Willen und Eigenwillen, solange wir noch ein Ich haben. Der Eigenwille des Ichs ist dem göttlichen Willen zumeist entgegengesetzt, da das Ich selbstsüchtig nur etwas für sich, für den Menschen, für den Körper möchte, während der göttliche Wille selbstlos und universell ist. Wir sollten unseren Eigenwillen mit dem göttlichen Willen in Übereinstimmung, in Harmonie, bringen, sonst verarmen unsere Organe, die zum Zentrum des Willens gehören, an Energie.

Ein Eigenwille, der gesetzmäßig ist, der Gesetzmäßiges will, der die Bergpredigt verwirklichen will, stimmt überein mit dem Willen Gottes.

Zum Zentrum des Willens gehören die Ausscheidungsorgane des Körpers, nämlich die Nieren, die Harnleiter und der Dickdarm in seiner ganzen Länge. Diese Organe haben die Aufgabe, den Körper von allen Schlacken zu befreien, die er sich zugeführt hat: über die Nahrung, über die Umwelt und über die negativen Gedanken, die der Mensch hatte. Zudem gehören die Nebennieren (Mark und Rinde) dazu; sie sitzen wie Mützen auf den Nieren und produzieren wichtige Hormone (Adrenalin, Cortison).

Nieren

Die Nieren liegen beiderseits im hinteren Bereich des Rückens in der Lendengegend, wo die Rippen aufhören. Wir spüren sie normalerweise nicht; sie sind schmerzunempfindlich und können auch zu einem großen Teil ihre Funktion einstellen, ohne daß wir es überhaupt merken. Wenn sich in den Nieren Steine bilden und diese den Abfluß behindern, bekommen wir Schmerzen; wir nennen dies Kolik. Die Nieren sind doppelt angelegt, das heißt, der Mensch kann mit einer Niere auskommen, er hat eine Überkapazität. Das ist sehr gut, denn viele Menschen, und auch hier überwiegend Frauen, haben im Laufe ihres Lebens Nierenbeckenentzündungen und ähnliche Erkrankungen, welche die Leistung herabsetzen.

Will ich eigenwillig ein Problem halten, entzünden sich meist Harnblase und Nieren gleichzeitig. Das Problem wird dann nicht eingestanden; ich will dem mit der Lösung zusammenhängenden Konflikt ausweichen.

Worauf bezieht sich der Eigenwille im Bereich der Nieren? Darauf, daß wir etwas besitzen wollen – nicht nur Menschen, sondern auch Anerkennung, eine Stellung, Besitz oder Macht. Was wir aus Eigenwillen sein oder haben wollen, richtet sich gegen den Willen Gottes und wirkt sich in Verkrampfungen von Nieren und Harnleitern aus. Da diese Verstöße häufig vorkommen, sind die Nieren auch überwiegend verkrampft. Wenn sich diese Haltung „versteinert“, bekommen wir Nierengrieß oder Nierensteine.

Die rechte Niere zeigt eher das, was wir in der Welt, z. B. beruflich, wollen, die linke Niere den privaten Eigenwillen, meist auf den Partner bezogen, sei er vorhanden oder nur als Vorstellung in uns.

Die Nebennieren, wie Kappen auf den Nieren sitzend, sind das Streßorgan. Eigenwille führt zu Streß, die Nebennieren werden überfordert und erlahmen.

Dickdarm

Wie bereits in der Ordnung erwähnt, ist das Hauptkrankheitssymptom des Dickdarms die Verstopfung – immer dann, wenn wir etwas halten wollen. Wenn wir im Eigenwillen uns auf etwas stürzen, es festhalten und nicht loslassen wollen, dann bekommen wir Verkrampfungen im Bereiche des Dickdarms, die sich in Verstopfung äußern. Diese Verstopfung führt dann zur Selbstvergiftung des Körpers, weil er aus der Darmfüllung wieder vieles aufnimmt, was er eigentlich abgeben sollte und möchte.

Dies sind die Organe im Bereich des Willens. Es sind nur wenige Organe, dafür aber um so wichtiger, denn ohne Ausscheidung, ohne Entgiftung und Entschlackung, vergiften wir uns, mit allen negativen Folgen – und der Eigenwille ist die häufigste Fehlhaltung, die wir alle haben.

Deshalb sind harntreibende Substanzen (z. B. im grünen Haferstroh-Tee) nützlich. Abführmittel hingegen sollten nur zeitweise als Hilfsmittel verwendet werden. Ein Durchfall ist ab und zu sinnvoll, denn er reinigt den Darm. Wird er chronisch, bestehen oft verdrängte sexuelle Wünsche.

3. Das Bewußtseinszentrum der Weisheit

Das Zentrum der Weisheit befindet sich im Übergangsbereich von der Brust- zur Lendenwirbelsäule und ist dem Sonnengeflecht (Plexus solaris) benachbart. Das Sonnengeflecht enthält sowohl sympathische als auch parasympathische Nervenfasern des vegetativen Nervensystems. Es steuert die unwillkürlich ablaufenden Leistungen der großen Stoffwechsel- und Verdauungsorgane. Es handelt sich dabei um den Magen, den Zwölffingerdarm, den Dünndarm, die Leber mit der Gallenblase, die Milz und die Bauchspeicheldrüse; auch die Wirbelsäule mit dem Rückenmark ist an das Zentrum der Weisheit angeschlossen.

Die göttliche Weisheit ist vielfältig, wenige haben von ihr klare Vorstellungen. Zur Weisheit gehören die Tat, die universelle Gerechtigkeit, das demütige Annehmen und Dienen.

Die häufigste Fehlhaltung folgt sicherlich aus dem menschlichen Wissen, dem Angelesenen, das intellektuell verwendet wird, und zum Hochmut, zur Überheblichkeit, zum Urteilen, zum Abwerten der Nächsten führt. Es führt zur Diskrepanz von Wissen und Verwirklichung, zum Weitergebenwollen von Wissen ohne Verwirklichung. Auf dem Inneren Weg sind Stagnation oder ein Zurückfallen die Folgen.

Verstöße gegen die Tat zeigen sich vor allem darin, daß das Gebot „Bete und arbeite“ nicht verwirklicht wird, sondern eine mißverstandene sogenannte „meditative Grundhaltung“ für richtig gehalten wird. Die beste Meditation ist jedoch eine Arbeit, die in der rechten Grundhaltung, aus einem selbstlosen Motiv heraus erfolgt und mit Konzentration, Hingabe und Dynamik durchgeführt wird.

Wer auf dem Inneren Weg ist, kann – zurückblickend – bei sich meist ein besonders sensibles Gerechtigkeitsempfinden feststellen, ein Eintreten für die Schwachen und Zurückgestellten oder Entrechteten und ein Aufwallen gegen Ungerechtigkeiten in der Welt. Dies ist verständlich, stimmt jedoch oft nicht überein mit der göttlichen Gerechtigkeit. Denn wie wollen wir aus unserer dreidimensionalen

Sicht, meist ohne Kenntnis der Zusammenhänge und der Vergangenheit, Dinge beurteilen, die das Karmagesetz aus siebendimensionaler Sicht ablaufen läßt? Wir bauen mit unserem begrenzten Denken ein eigenes Gebäude von Recht und Gerechtigkeit und rebellieren, wenn es nicht mit dem göttlichen Plan übereinstimmt. Wenn wir uns bewußt werden, daß nichts unverschuldet passiert, daß alles Geschehende dem Betroffenen zu Recht widerfährt, so werden wir ihm zwar beistehen, wir werden versuchen, Schmerz zu lindern und Verständnis für ihn haben, jedoch nicht die ablaufenden Vorgänge verhindern.

Das Ausmaß des selbstlosen Dienens entspricht der Entwicklung des Bewußtseins. Gott als das höchste, das vollkommene Bewußtsein, dient dem gesamten Universum. Nicht verwechseln mit dem selbstlosen Dienen sollten wir das sogenannte „Helfersyndrom“, welches darin besteht, daß wir uns im Dienen selbst bestätigen und damit aufwerten wollen, uns über die stellen, denen wir helfen. Wir können unsere Selbstlosigkeit prüfen, indem wir uns fragen, ob wir bei völlig fehlender Resonanz oder gar Undankbarkeit es ebenso freudig tun würden.

All diese Fehlhaltungen irritieren das dritte Zentrum, den Plexus solaris. Entsprechend häufig sind Funktionsstörungen im Oberbauch und in der Wirbelsäule.

Magen

Der unterhalb des Brustbeins gelegene Magen hat die Aufgabe, den Nahrungsbrei, der durch den Speichel vorverdaut ist, aufzuschließen mit Hilfe der starken Magensäure und einiger Verdauungssäfte, die er produziert. Seine Aufgabe ist die grobe Verdauung, die erste Aufspaltung der Nahrung.

Der Magen ist gezwungen zu schlucken, was wir ihm zuführen, ob es gut ist oder schlecht.

Im übertragenen Sinne reagiert der Magen auf jeglichen Ärger, auf jegliches Herunterschlucken statt einer Verarbeitung der Konflikte, mit denen wir uns konfrontiert sehen. Nehmen wir die Dinge nicht positiv, sondern negativ an und auf, so liegen sie im Magen wie ein Stein; sie werden nicht verdaut, denn der Magen verkrampft sich, und die Magensäure wird unzureichend produziert oder aber im Überfluß; je nach Reaktionstyp des Menschen übersäuert der Magen, oder es fehlt an Magensäure.

Dünndarm

Im Gegensatz dazu ist der sich anschließende Zwölffinger- und Dünndarm nicht mehr sauer, sondern basisch, alkalisch, und es ist wichtig, daß der Pförtner, der dazwischenliegt, gut funktioniert, denn sonst fließt Säure aus dem Magen ab, und das Milieu im Dünndarm wird gestört und zerstört. Der Dünndarm ist die Hauptverdauungsstätte des Körpers, denn in ihn fließen nicht nur der Mageninhalt, sondern auch die Säfte von Galle und Bauchspeicheldrüse.

Die Aufgabe des Dünndarms ist es, alles das, was ihm zugeführt wird, aufzuspalten, in kleinste Bestandteile zu zerlegen und dann ins Blut aufzunehmen.

Im übertragenen Sinne wieder: Wenn wir unsere Mitmenschen zerlegen, analysieren und mit der Umwelt in Konflikt kommen, weil wir kein Verständnis und kein Einfühlungsvermögen haben, weil wir intellektuell an Menschen und Dinge herangehen, dann erzeugen wir nicht positive Nahrungsbestandteile, die unseren Aufbau fördern, sondern erzeugen unverdaute, negative Gärungsbestandteile. Dann gärt es im Dünndarm, und wir bekommen Blähungen. Es gärt in uns, wir bekommen „übertragene Blähungen", weil wir im zwischenmenschlichen Bereich intellektuell und nicht mit der Empfindung vorgehen. Wir nehmen dann das Positive des Nächsten nicht an und auf, sondern konzentrieren uns auf das Negative und kritisieren es mit persönlichem Motiv. Den Balken im eigenen Auge sehen wir nicht.

Leber

An den Dünndarm angeschlossen sind die beiden wesentlichen Verdauungsorgane, die Leber mit der Gallenblase und die Bauchspeicheldrüse (Pankreas).

Die Leber als die größte Drüse des Körpers ist ein großes und zentrales Organ; sie ist das Laboratorium des Körpers, die Entgiftungszentrale und die Produktionsstätte der Gallenflüssigkeit. Sie liegt im rechten Oberbauch hinter den schützenden Rippen, unterhalb des Zwerchfells.

Was der Körper chemisch, biochemisch, zu bewältigen hat, findet in der Leber statt. Es wird verarbeitet, was über die Pfortader aus dem Darm zugeführt wird, und es wird aufgebaut, was im Blut an wesentlichen Aufbaustoffen nötig ist, wie z.B. die Bluteiweiße. Der Gallensaft, der zur Verdauung notwendig ist, wird produziert, gesammelt und an die Nahrung, die im Dünndarm ankommt, abgegeben.

Die Leber reagiert auf jeglichen Streß. Sie ist im übertragenen Sinne zuständig für die Bewertung dessen, was auf uns zukommt, bzw. womit wir zu tun haben. (Sprichworte: „Eine Laus läuft über die Leber." – „Es liegt uns schwer auf der Leber.") Wir wissen, daß die Melancholie sich in der Leber und der Galle ausdrückt, d.h. ob wir mit Freude an die Dinge herangehen, ob wir die Dinge akzeptieren und sie bejahen oder aber nicht, also alles negativ auffassen und bewerten, z.B.: Das Glas ist halbvoll – oder: es ist halbleer. Werde ich beispielsweise kritisiert, so kann ich es als Hilfe zur Bekämpfung meines Ichs annehmen, oder ich kann betroffen und verletzt darauf reagieren oder beleidigt schmollen. Diese Einstellung und die Bewertung der Dinge schlägt sich auf die Leber nieder. Ich sehe dann alles unter dem Gesichtspunkt: Was bedeutet es für mich?

Gallenblase

Die Gallenblase repräsentiert verdrängte Aggressionen. Traue ich mich nicht zu sein, wie ich empfinde, nicht zu sagen, was ich denke, sondern unterdrücke alles weniger Schöne, um gut dazustehen, so verkrampft sich die Gallenblase. Anstelle eines Wutausbruches kann es dann nach einiger Zeit zur Kolik kommen. Dementsprechend ist die Galle dünnflüssig oder verdickt. Wenn der Gallensaft verdickt ist, führt dies zu Steinen. Hierbei spielen vor allem Verdrängungen eine Rolle. Der Oberbauch ist der Bereich, wo sich nichtsexuelle Verdrängungen und Unterdrückungen manifestieren: Wenn wir Erregungen oder Ärger unterdrükken, schlägt das nicht nur auf den Magen, sondern entsprechend der Stärke der Aggressionen auch auf die Gallenblase.

Entscheidend dabei ist unsere Einstellung, die Auffassung der Dinge, d.h. nicht wie sie sind, sondern, wie wir mit ihnen umgehen, wie wir sie bewerten. Wir nehmen die Dinge nicht an, sondern lehnen uns auf, ohne dies aber zu äußern.

Bauchspeicheldrüse (Pankreas)

Die Bauchspeicheldrüse liegt direkt vor dem Sonnengeflecht, knapp oberhalb und hinter dem Bauchnabel. Sie ist ein Organ, das weitgehend unbekannt ist, aber sehr wichtig. Es erzeugt nicht nur das Insulin, das den Blutzuckerspiegel senkt, und ein Hormon für den Calcium-Stoffwechsel, sondern die Bauchspeicheldrüse produziert die wichtigsten

Verdauungssäfte, die zusammen mit der Galle in den Zwölffingerdarm fließen. Ohne diese Verdauungssäfte kann der Dünndarm seine Funktion überhaupt nicht durchführen. Irritationen oder Entzündungen mit Unterfunktion der Bauchspeicheldrüse nehmen laufend zu, nicht nur wegen der Vergiftung unserer Umwelt.

Nach der Schilddrüse ist die Bauchspeicheldrüse das zweithäufigste krankhaft veränderte Organ, oft sind beide gleichzeitig betroffen.

Welche Bedeutung hat die Bauchspeicheldrüse aus geistiger Sicht? Wir verstoßen gegen die göttliche Weisheit. Wir wissen, daß wir nicht bei der menschlichen „Liebe" stehen bleiben, sondern die selbstlose, bedingungslose Liebe anstreben sollten, die wir als „unpersönlich" bezeichnen, die göttliche Liebe. Aber uns zieht es zur menschlichen Liebe; wir wollen Zuwendung, Zuneigung, Zärtlichkeit von Menschen. Obwohl wir wissen, daß nur die göttliche, die selbstlose Liebe unser Liebebedürfnis stillen kann, streben wir überwiegend nach menschlicher Zuwendung und verstoßen somit gegen die göttliche Weisheit.

Wir möchten haben, statt zu geben. Wir können das Leben, in dem wir uns befinden, das uns liebearm erscheint, nicht annehmen, sondern erwarten von den anderen die nötige Zuwendung. Wenn wir anfangen, selbst das zu geben, was wir erwarten, spüren wir eine Besserung des Drucks im Oberbauch; die Blähungen lassen nach. Je mehr dagegen jemand krampfhaft versucht, im menschlichen Bereich Zuwendung zu bekommen, desto mehr verkrampft sich die Bauchspeicheldrüse, desto schwächer wird ihre Leistung und desto mehr kommt sie in einen Erregungszustand.

Milz

Die Milz liegt links von der Leber. Ihre normale Aufgabe ist es, die roten Blutkörperchen abzubauen und ein Depot der Körperabwehr zu sein. Sie ist aber auch ein Ersatzorgan, denn sie kann Funktionen für Leber oder Knochenmark übernehmen. Wenn sie auch nicht so bedeutsam ist wie die Leber, so kann sie nicht so leicht entbehrt werden, wie manche Chirurgen glauben – und sie herausnehmen.

Wenn wir von einer diesseitsbezogenen Betriebsamkeit oder Vitalität beherrscht anstatt von einer echten geistigen Dynamik erfüllt sind, dann kann eine Verkrampfung der Milz resultieren. Ein sogenannter Hochdruck im Pfortaderkreislauf kommt oft hinzu. Dieser Pfortaderkreislauf ist zwischen Leber, Pankreas, Milz und Därmen eingeschaltet, er transportiert das venöse Blut des Bauchraums.

Wirbelsäule

Die Wirbelsäule hält uns aufrecht. Dies sollte straff, dennoch gelöst und entspannt geschehen.

Weder eine schlechte Haltung noch eine verkrampfte Steifheit sind nützlich. Ersteres entspricht dem Liebedienern anstelle des selbstlosen Dienens, das heißt, es fehlt das Bewußtsein, ein freies Kind Gottes zu sein. Letzteres folgt aus einem übertriebenen Ego, das einen Minderwertigkeitskomplex kompensieren will. Ein solches Ich überlädt sich; es trägt zuviel auf seinen Schultern, letztlich, um sich aufzuwerten; es übernimmt die Sorgen von anderen und macht sie zu den eigenen Sorgen. In solchen Fällen kann es zu Bandscheibenvorfällen kommen, die das Rückenmark und die austretenden Nerven quetschen. Der Mensch wird krumm, er kann sich kaum noch aufrichten. Dies symbolisiert ein zwangsweises Ende der nach außen orientierten Aufwertungssucht, das Ich wird auf die eigentliche Größe reduziert. Es hat genug mit sich zu tun. Die aufrecht gestellten Kulissen des Ichs fallen um, die Potemkinschen Dörfer werden erkannt, hoffentlich auch vom Kranken selbst.

4. Das Bewußtseinszentrum des Ernstes

Das vierte Zentrum, das Zentrum des Ernstes, befindet sich zwischen Herz und Wirbelsäule. Dazu gehören das Herz, die Lungen mit den Bronchien, die Rippen und der obere Teil des Rückenmarks. Es ist ein großes, wichtiges Zentrum, in dem sich der Christusfunke befindet. Dieser Christusfunke ist die erlösende Kraft in uns allen, die uns Christus auf Golgotha übertragen hat. Unsere Aufgabe in diesem Leben ist, diesen Funken zur Flamme zu entfachen.

Dieser Funke kann nur zur Flamme werden, wenn wir mit allem Ernst unser Ich abbauen. In dem Maße, in dem unser Ich kleiner wird, kann die Flamme größer werden.

Das geschieht am sichersten auf dem Inneren Weg: Wir stellen unser Ich nicht mehr in den Vordergrund; wir geben, statt zu nehmen; wir entwickeln das Herz in uns, die Emotionalität, die Spontaneität, das „Sein wie die Kinder". Wir bauen ab, was uns daran hindert, nämlich alle negativen Energiekomplexe, die wir in uns haben. Sie sind vorzugsweise gegen unseren Nächsten gerichtet oder drehen sich um unser eigenes Ich. Dazu sind Disziplin und Konsequenz im Leben und Alltag nötig, die Verwirklichung des Wissens.

Dem weichen wir allerdings gern aus, weil es unbequem ist. Wir nehmen unsere Mitmenschen, uns selbst, den Alltag, den Inneren Weg nicht ernst und sind lau und nachlässig, oder wir mogeln uns darüber hinweg mit falsch verstandenem Humor oder falsch verstandener Ironie. Dies führt allenfalls zu einer nach außen gerichteten Freude, aber nicht zu der echten Freude, die mit dem Ernst gekoppelt ist, die nur dann entsteht, wenn wir mit allem Ernst den Weg gehen und die Seele sich freuen kann.

Ein übertriebener Ernst ist das andere Extrem, nämlich dann, wenn wir den Weg unter Druck oder Zwang gehen, verbiestert, freudlos. Eine bejahte Pflicht aber wird zur Freude, dies wußte schon Laotse.

Herz

Das Herz wurde früher aufgefaßt als ein reiner Pumpmuskel. Inzwischen aber hat sogar die Schulmedizin erkannt, daß es auch ein hormonbildendes Organ ist und daß seine Bedeutung weit über die einer Pumpe hinausgeht.

Welche Beschwerden macht uns das Herz? Spasmen, z.B. der Koronargefäße, sind sehr häufig und führen dann zum Schmerz, zur Angina pectoris (Enge im Brustraum). Die Brust scheint uns eng zu sein, wenn das Herz nicht gut durchblutet ist, wenn die Emotionalität und das, was die Seele möchte, keinen Saft, keine Lebenskraft, keinen Sauerstoff, erhält. Wir sind dann beschränkt auf unser Ich: eingeengt. Diese Spasmen, die Engstellung der Koronarien, sind ausschlaggebender als das, was allgemein überschätzt wird, nämlich die Sklerose.

Das Herz sorgt also dafür, daß der Hauptlebensstoff, der Sauerstoff, über das Blut in alle Körperzellen gelangt. Ohne eine gute Blutverteilung kann der Sauerstoff nicht dahin gelangen.

Das Herz gilt als das Symbol des Lebens, der Vitalität, der Dynamik, der Herzlichkeit, aber auch der emotionalen Liebefähigkeit. Fasse ich Liebe falsch auf und lebe sie aus meinem Ich heraus, wird der zerstörende Teil des Ernstes alles Negative in uns, damit auch das Ich, angreifen. Er wird es uns eventuell zeigen: Jeder negative Gedanke kann ein

Stich ins Herz werden. Wir können Angst haben vor diesem zerstörerischen Element, aber Angst hat nur das Ich, die Seele nicht. Die Konsequenz und die Offenheit, mit der wir das Ich angehen, führen dazu, daß wir im Bereich des Zentrums des Ernstes entspannt und offen sind und weder das Herz noch die Lungen leiden müssen.

Andererseits kann ein Leben auf Sparflamme, ein Leben ohne Risiko und Dynamik, ein Leben auf Sicherheit, dazu führen, daß der Ernst keine Gelegenheit hat, uns zu verändern. Das Herz wird dann schwach, der Kreislauf sinkt, wir werden adynamisch, stagnieren.

Lungen, Bronchien

Mit dem Herz „vergesellschaftet" sind die Lungen und die Bronchien, denn die Lungen nehmen den Sauerstoff auf, den das Herz verteilen kann. Die Lungen haben infolge der vielen Bläschen eine riesige Oberfläche; dort findet der Stoffaustausch statt von Kohlendioxid, das wir abgeben, mit Sauerstoff, den wir aufnehmen.

Die Lungen sind somit ein Stück Umwelt, denn wir können gar nicht verhindern, daß sie das, was wir über den Atem ständig hineinlassen und an Kraft mit der Luft zu uns nehmen, auch aufnehmen. Wir möchten es manchmal verhindern, nämlich dann, wenn die Kommunikation zur Umwelt schlecht ist, wenn sie gestört ist.

Die Lungen repräsentieren die Offenheit der Kommunikation. Wenn wir z.B. der Umwelt nicht vertrauen, kommt es zum Asthma-Anfall. Beim Asthma-Anfall wollen wir die Luft nicht abgeben, d.h. wir wollen nehmen und behalten, aber nicht geben, uns nicht hingeben und nicht abgeben. Alles, was mit dem Geben zu tun hat, merken wir in diesen Bereichen. Auch hier sind es wieder weniger die mechanischen Veränderungen, sondern mehr die Spasmen, die

Bronchialspasmen, die nervösen Verengungen der Bronchien, die die Hauptrolle spielen. Dann kann der Sauerstoff uns zwar eventuell noch erreichen, aber wir geben nichts mehr her.

Die Organe des vierten Zentrums sind absolut lebensnotwendig, der Herzschlag wie auch der Atemzug entscheiden über unsere irdische Existenz. Der Sauerstoff als Lebenselement hat für den Körper die Bedeutung wie der göttliche Äther für die Seele. Wie eine Flamme sich unter Sauerstoffzufuhr vergrößert, so tut es der Christusfunke, wenn die Seele göttliche Energie annimmt und aufnimmt. Ein Nachlassen der materiellen Sauerstoffversorgung als Folge der Umweltkatastrophen kann nur kompensiert werden durch eine erhöhte Energieversorgung von innen, von der Seele her, wenn die Schwingungen der Körper-Seele-Geist-Einheit „oxidiert", d.h. heraufransformiert werden.

Rippen

Zum vierten Zentrum gehören noch die Rippen, der Schutzmechanismus des Brustraums, der dafür sorgt, daß alles ohne Einwirkungen negativer Art von außen ablaufen kann. Sind wir selbstbezogen, kann der Brustkorb zum Gefängnis, können die Rippen zu Gitterstäben werden. Sie werden dann starr, die Atmung schwer.

Rückenmark

Das Rückenmark verteilt sich auf die Zentren drei (Weisheit) und vier (Ernst). Im Rückenmark verlaufen alle Bahnen, die die nervlichen Impulse des Gehirns über den Körper verteilen (motorisch), und das, was die Körpersinne, Tastsinn, Schmerzsinn etc., aufnehmen und zum

Gehirn weiterleiten (sensorisch). Es ist die Leitungsbahn Gehirn – Peripherie und zurück.

Das Rückenmark ist der Rückzugsbereich für Viren verschiedener, auch harmloser Infektionskrankheiten, z.B. Windpocken-Viren oder Herpes-Viren, die wir scheinbar überwunden haben. Die Viren ruhen dort, bis unsere Energieschwingung den gleichen tiefen Stand hat wie sie; dann können sie als Auslöser wesentlich schwererer Krankheiten – z.B. multipler Sklerose oder Gürtelrose – wieder aktiv werden. Vorausgehend finden sich meist Schocks, Leid, scheinbar aussichtslose Situationen, auf die wir mit Selbstmitleid, Passivität statt eines Neubeginns reagieren.

5. Das Bewußtseinszentrum der Geduld

Das fünfte Zentrum befindet sich im Bereich des Halses, vor der Wirbelsäule. Dazu gehören die Luftröhre, der Kehlkopf mit den Stimmbändern, die Schilddrüse und die Nebenschilddrüsen, der Thymus (Bries – weithin unbekannt), der Rachen, die Mandeln, die Zähne.

Unsere Geduld sollte der göttlichen Langmut nahekommen. Der Verstoß gegen die Geduld ist die Ungeduld. Ungeduldig sind wir immer dann, wenn wir unseren Eigenwillen durchsetzen wollen, wenn wir der Zeit, dem Raum, den Dingen und den Menschen unseren Willen aufzwingen wollen. Auch wenn das mit den scheinbar besten Absichten geschieht, so stecken dahinter doch Ehrgeiz, Geltungsbedürfnis, Herrschsucht, Hochmut, Überheblichkeit – kurz, die Abwertung all dessen, was außerhalb unseres Ichs ist.

Wer also in der heutigen Welt vorankommen möchte, wer Erfolg, Macht und Reichtum gewinnen will, kann das nur mit ständigen Verstößen gegen die Geduld. Der Karriere-Manager, der Autobahn-Linksfahrer sind Musterbeispiele.

Ein Unterdrücken vorhandener Ungeduld ist dabei schädlicher als das ehrliche Erleben.

Thymus (Bries)

Der Thymus ist das Zentrum der Körperabwehr, hinter dem oberen Brustbein gelegen. Dort sind alle die Informationen gesammelt, die der Körper braucht, um fremd und eigen unterscheiden zu können. Die meisten Informationen nimmt der Mensch bereits im Mutterleib auf, über das, was die Mutter ihm zeigt. Schon im Mutterleib wird die Toleranz des Körpers programmiert gegenüber dem, was eigen ist, was er nicht angreift, was er kennt.

Im Laufe des Lebens weiß der Körper als Folge der Umweltverschmutzung schließlich nicht mehr, was fremd ist oder eigen, denn es gibt inzwischen als Segnungen der Chemie etwa 40000 Fremdstoffe. Damit ist dieses Organ völlig überfordert. Es kommt zu Abweichungen der Körperabwehr, z.B. in Form von Allergien, wenn eben Fremdstoffe nicht mehr beseitigt, sondern wenn sie nur noch in einem „Grabenkrieg“ angegangen werden. Eine Überreaktion auf Fremdes führt zu einem Patt, niemand siegt. Frage ich mich dann: Gegen wen oder was bin ich gedanklich oder empfindungsmäßig allergisch?, so finde ich sicherlich den Auslöser.

Schließlich gehören hierher die Autoaggressionen, d.h. der Körper greift sich selbst an. Eine zunehmend häufige Erkrankung ist z.B. Rheuma – der Körper greift die Gelenke an; oder die meisten Formen der Zuckerkrankheit – er greift die eigenen Inselzellen an; oder die zahlreichen Schilddrüsenkrankheiten – er greift eigene Schilddrüsenzellen an. Dies sind nur einige Beispiele.

Zugrunde liegt das Nicht-annehmen-Können seiner selbst, die eigene Ablehnung, weil die Realität nicht den eigenen hohen Ansprüchen genügt. Diese aber ersetzen keinesfalls die tagtägliche Arbeit an mir selbst, die Verwirklichung, durch die allein ich meinem Idealbild Schritt für Schritt näherkomme.

Mandeln

Die Körperabwehr mit ihrem Zentrum, dem Thymus, arbeitet eng zusammen mit den Mandeln, die im Bereich des Rachens der Vorposten sind, von dem aus der Körper kennenlernt, was von außen auf ihn zukommt, sowohl mit der Nahrung als auch mit der Luft. Die Mandeln geben diese Informationen dann weiter. Hier ist sehr viel Lymphgewebe angesiedelt, zusätzlich in den Seitensträngen sowie im hinteren Nasenraum, dort wo Polypen entstehen können. Die Körperabwehr hat hier ihre Hauptbarriere, die leider oft genug überrannt wird, weil auch sie heutzutage überfordert ist.

Leider büßen die Mandeln dadurch ihren Sinn ein, nämlich immer dann, wenn die Körperabwehr es nicht mehr schafft, die Erreger abzugrenzen und abzustoßen, sondern wenn die Mandeln selbst zu Herden werden. Dies tritt jedoch nur auf, wenn die Harmonie des Körpers gestört ist, z.B. durch die erwähnten Verstöße gegen die göttliche Geduld. Wenn das fünfte Zentrum in Harmonie ist und wenn anstelle von Antibiotika eine adäquate naturheilkundliche Behandlung vorgenommen wird, dann werden die Mandeln nicht zu Herden.

Schilddrüse

Die Schilddrüse besteht aus zwei daumenendgliedgroßen Lappen auf beiden Seiten der Luftröhre unterhalb des Kehlkopfes.

Sämtliche Stoffwechselvorgänge des Körpers werden von diesem Organ gesteuert. Laufen sie verlangsamt ab, werden wir lethargisch, trübe, schlapp – das ist die Unterfunktion. Bei der Überfunktion dagegen laufen sie zu schnell ab, wir werden nicht dynamisch, sondern hektisch, der Körperrhythmus überdreht, wird disharmonisch. Das Herz z. B. hält dies nicht sehr lange aus. Wer jemals eine Überfunktion hatte, weiß, was Ungeduld ist. Der Mensch fühlt sich getrieben und kann dagegen nicht ankommen.

Zwischen Schilddrüse und Hirnanhangdrüse besteht ein Regelkreis. Wenn dieser Regelkreis nicht stimmt, dann lagern sich in der Schilddrüse Schlacken ab; es entsteht ein Teufelskreis: Verschlackung der Schilddrüse – Knoten – Unterfunktion – Verschlackung des Körpers, weitere Verschlackung der Schilddrüse, etc. Unsere Schilddrüse ist das repräsentative Organ für den Zustand des Körpers; wir können an ihr z. B. die Tendenz zu Krebs feststellen.

Bei etwa 80% der Patienten besteht heute irgendein krankhafter Schilddrüsenbefund, die Zahl der Schilddrüsenverknotungen nimmt laufend zu.

Da die Schilddrüse auch die Körperabwehr anregt, besteht eine enge Beziehung zum Thymus. Auch die Geschwindigkeit der Leistung der meisten übrigen Organe wird hier bestimmt, wie etwa von Darm und Nieren.

Der A1-Typ („I am the greatest") benötigt eine Überfunktion, er kann sie selbst erzeugen, bis der Zusammenbruch folgt. Der frustrierte „underdog", der sich dauernd benachteiligt fühlt, erzeugt eine Unterfunktion. Angst und Sorgen regen kurz an, dann lähmen sie.

Nebenschilddrüsen

Die Nebenschilddrüsen sind zwar nur linsengroß und weitgehend unbekannt, jedoch bedeutsam. Sie regulieren zusammen mit der Bauchspeicheldrüse den Kalkstoffwechsel.

Das Calcium sollte immer einen normalen Spiegel haben, andernfalls geraten Nervensystem und Herz in Unordnung. Wir registrieren dies meist erst im Alter, wenn der Kalk die Knochen verläßt und sich statt dessen in den Gefäßwänden ansiedelt.

Luftröhre, Kehlkopf

Die Luftröhre und der Kehlkopf, scheinbar rein mechanische Organe, sind seelisch stark beeinflußbar.

Wenn ein Erregungszustand, ein Schreck, ein Schock auf uns einwirkt, oder wenn wir über einer Erkenntnis in Unruhe geraten, ohne daß wir dies zeigen wollen, dann hat die Stimme nicht ihren normalen Klang, sondern sie wird rauh, man muß sich räuspern, die Stimme bleibt weg oder ist belegt; das alles kann innerhalb von Zehntel-Sekunden geschehen.

Verschleimungen der Luftröhre sind uns allen wohlbekannt. Sie hängen nicht nur von äußeren Einflüssen ab wie Infektionen, Erkältungen und Umweltverschmutzung, sondern auch damit, daß der Körperrhythmus nicht stimmt – weil wir keine Geduld haben mit uns und mit den Mitmenschen.

Zähne

An unseren Zähnen bestehen die meisten Herde für Vergiftungen und Folgekrankheiten unseres Körpers. Jeder Zahnherd, jedes Granulom im Bereich der Zahnwurzel, jede sogenannte Wurzelbehandlung, die zu gar nichts führt, und jeder tote Zahn sind ein Herd im Körper. Da jeder

Zahn mit einem Organ des Körpers gekoppelt ist, schädigt er dieses Organ und sollte daher entfernt werden.

Viele von uns haben von Zahnbehandlungen her Amalgam, also Quecksilber, im Mund, manchmal auch noch andere Metalle. Dies führt zu einer Batterie oder einem Akkumulator. Es ist klar, daß eine solche Batterie den Körperrhythmus stört, den Körper in einen Zustand dauernder Erregung versetzt und auch bestimmte Organe energiearm machen kann. Quecksilber wie auch Fluor sind Gifte, sie gehören nicht in den Mund.

Unterdrücken wir tagsüber unsere Ungeduld, werden wir nachts mit den Zähnen knirschen, mit üblen Folgen.

Im Bereich des fünften Zentrums sind viele Informationen lokalisiert. Wir können dadurch unsere Selbsterkenntnis erheblich erweitern, und es gibt wohl keinen unter uns, der nicht im vierten oder fünften Zentrum Schwachpunkte hat. Diese Schwachpunkte sind alle an das Ich gekoppelt und sollten uns dazu führen, der Seele die Aufmerksamkeit zu schenken, die ihr gebührt.

6. Das Bewußtseinszentrum der Liebe

Das sechste Zentrum der Liebe befindet sich hinter der Mitte der Stirn. Es ist ein großes, stark pulsierendes Zentrum.

Die zentrale Fehlhaltung im sechsten Zentrum ist die selbstsüchtige Liebe. Das Ich, das selbstsüchtig liebt, zeigt uns Illusionen, täuscht uns z.B. eine Liebe vor, wie wir sie bei den helfenden Berufen erleben können: das sogenannte Helfersyndrom; es ist eine verschleierte Eigenliebe, ein Aufwerten-Wollen, Erwarten von Anerkennung. Es wurmt den Helfer, wenn der Kranke sich undankbar zeigt oder auf nichts reagiert, was der Helfer ihm doch scheinbar so selbstlos anbietet – ein deutliches Zeichen dafür, daß er nicht selbstlos ist. Viele Krankenschwestern leiden unter dem Stau verdrängter Aggressionen.

Auch die Liebe zwischen Verwandten, speziell die Mutterliebe, die als die höchste gilt, ist in vielen Fällen eine Eigenliebe. Sie ist dann eine bindende, besitzen-wollende Liebe. Sie will sich selbst bestätigen in der oft übertriebenen Verantwortung für die Kinder. Die Kinder werden nicht losgelassen, die Übermutter braucht sie. Die Kinder dürfen kein Eigenleben gewinnen; sie werden gebunden, bis die Mutter stirbt. Eine selbstbezogene, persönliche Liebe geht vom Ich zum Ich. Die selbstlose, unpersönliche Liebe möchte der Seele dienen.

Eine andere Form der falsch verstandenen Liebe finden wir z.B. in der evangelischen Kirche: Einer will den anderen in Liebe tragen und ertragen, wobei jeder den anderen „in Watte packt", ihn nicht anrühren möchte, ihn nicht kritisiert. Das führt zu einem Leben der Scheinheiligkeit, bei dem keine Veränderung und Aufwärtsentwicklung der Beteiligten erfolgt, weil alles Negative zugedeckt bzw. verdrängt wird. Ein Ich schont das andere. Diese Liebe hat Jesus Christus in der Bergpredigt nicht gemeint. Nur ein Abbau des Egos führt zur Befreiung der verschatteten Seelenhüllen und zur selbstlosen Liebe. Dabei sollten wir uns liebend helfen, also die Wahrheit sagen und offen sein.

Ähnliche Fehlhaltungen gibt es im Bereich der Liebe viele; das Wort „Liebe" wird ständig mißverstanden und in verschiedenster Weise gebraucht und mißbraucht. Verschiedene Wörter deuten die Spannbreite an von der rein körperlichen bis zur rein geistigen Liebe: Sexus, Eros, Amor, Caritas, Agape. Wir sollten uns keinen Illusionen hingeben, sondern realistisch mit uns umgehen und diese Fehlhaltungen aufdecken.

Zum sechsten Bewußtseinszentrum gehören die Sinnesorgane sowie die beiden Anhangdrüsen des Gehirns, das sind: Augen, Ohren, Nase, Nasennebenhöhlen, die Hirnanhangdrüse oder Hypophyse und die Zirbeldrüse oder Epiphyse.

Augen

Die Augen sind das wichtigste Sinnesorgan, denn bei einem Verlust des Augenlichts sind wir am stärksten beeinträchtigt. Daraus ergibt sich, daß die Augen auch im übertragenen Sinne größte Bedeutung haben. Die Augen liefern uns die meisten Informationen, sie können uns deshalb im Positiven wie im Negativen am stärksten beeinflussen.

Im positiven Sinne können wir mit den Augen uns allem öffnen, was harmonisch ist und uns in unserer Schwingung aufwärtshelfen kann; das ist z. B. die Natur. Die Natur enthält von sich aus keine negativen Schwingungen, sondern bemüht sich immer, uns in jeder Hinsicht zu helfen. Wenn wir z. B. auf einen Baum oder eine Blume schauen und sie in uns hineinnehmen, führt uns dies immer in der Schwingung aufwärts.

Aber auch das Negative hat positive Möglichkeiten: Wenn wir nämlich durch die Augen nach außen gezogen werden, wenn wir uns der Welt gegenüber öffnen, dann können wir dabei eine Menge an Selbsterkenntnis gewinnen. Wenn wir z. B. darauf achten, wohin die Augen gehen, wohin es sie zieht und woran sie hängenbleiben, dann können wir erkennen, wohin unsere Wünsche, Sehnsüchte und Neigungen gehen. Wir sollten uns diesen Informationen nicht verschließen, sondern sie registrieren und möglichst aufschreiben.

Die Augenkrankheiten sind mannigfaltig. Wenn wir ein Augenleiden haben, welchen Schluß sollten wir daraus ziehen? Es ergibt sich direkt: Wir wollen etwas nicht sehen.

Wir wollen uns gegenüber etwas, das wir sehen könnten oder sollten, nicht öffnen. Wir verschließen die Augen vor etwas. Wir sind „kurzsichtig". Weitsichtigkeit kommt auch vor, eher im späten Alter: wir sehen nicht, was vor uns ist, was uns nahe ist. Es können auch die Lider oder Tränenkanäle betroffen sein, dann unterdrücken wir Tränen, die wir an sich weinen sollten, oder wir benutzen Tränen vielleicht selbstsüchtig als Druckmittel gegenüber den Nächsten.

Ohren

Die Ohren sind das nächstwichtige Sinnesorgan. Es enthält den Gehörsinn und den Gleichgewichtssinn.

Daß wir stark in unserer Stimmung von Tönen, Klängen und Geräuschen beeinflußt werden, ist uns allen bekannt. Musik kann z.B. beruhigend, anregend, erhebend und bis zum Überschwang beglückend wirken. In gleicher Weise können uns auch die Töne und Klänge in der Natur – wie Vogelgesang, Wassergeplätscher und Windesrauschen – in Harmonie und in Einklang mit der Natur bringen. Nutzen wir alle Sinneseindrücke zusammen, wie es z.B. im Wald möglich ist, indem wir die Formen und Farben über das Sinnesorgan Auge, die Töne und Klänge über die Ohren und die Düfte über die Nase einwirken lassen, und wenn alle diese Eindrücke harmonisch sind, dann kommen wir einem Zustand nahe, den wir als Glück bezeichnen können.

Während wir unsere Augen vor negativen Einflüssen schützen können, ist ein Ausweichen vor negativen akustischen Eindrücken schlecht möglich. Wir sind Lärm jeglicher Art und gezielt negativer Musik oft ausgeliefert und spüren ihre disharmonischen Einflüsse an Seele und Körper. Wir können dies nutzen und an unseren Reaktionen feststellen, was wir an Entsprechungen in uns haben: die Seelenhüllen melden sich.

Die übertragene Bedeutung der Ohren ist klar: Wenn wir an diesem Organ krank werden, so wollen wir etwas nicht hören, jemandem nicht zuhören; wir wollen nicht auf den Nächsten horchen, eventuell auch nicht gehorchen. Wir weigern uns, etwas zu akzeptieren, weil uns die Liebe fehlt.

Gleichgewichtsorgan

Das Gleichgewichtsorgan ist im Innenohr gelegen; es entspricht weitgehend unserem seelischen Gleichgewicht. Sind wir innerlich im Ungleichgewicht – erkennbar an einem unausgewogenen, hektischen Körperrhythmus – dann wird auch das Gleichgewichtsorgan dies zeigen. Spüren wir z.B. einen Schwindel und kommen ins Schwanken oder sind, auch im übertragenen Sinne, nicht stabil, sondern schwankend, kann dahinter eine falsche Ausrichtung stehen. Sind wir z.B. nicht auf *eine* Kraft im Universum ausgerichtet, auf die höchste Kraft, sondern auf mehrere oder auf niedrig schwingende Kräfte, dann spüren wir dies häufig im Innenohr, d.h. wir bekommen ein Ohrgeräusch, oder es dreht sich um uns, wir fühlen uns umnebelt, und wir haben eventuell eine Wolke um uns, die zum Ungleichgewicht, zum Schwanken führt.

Auch Fanatismus kann dies hervorrufen. Übertreibungen wandeln ursprünglich Positives ins Negative um, wir werden offen für niedrigschwingende (eventuell astrale) Einflüsse.

Nase

In der Nase befindet sich das Geruchsorgan, aber auch Teile des Geschmacksorgans; wenn z.B. die Nase verschleimt ist, können wir auch nicht richtig schmecken, es schmeckt alles gleich.

Welche Krankheiten betreffen die Nase? In erster Linie der Schnupfen. Der Schnupfen ist ein Reinigungsmechanismus, ein Entgiftungsmechanismus. Wenn wir ihn fließen lassen, ihn nicht unterdrücken, ist es eine positive Methode für den Körper, die einfachste überhaupt, sich zu reinigen. Denn alle Flüssigkeiten, die den Körper verlassen, enthalten Gifte, speziell die schleimigen Flüssigkeiten. Wir sollten uns freuen, wenn Schleim über die Nase ausfließt. Ist dies nicht der Fall, stockt der Schnupfen, dann greift er meistens auf die Nasenhöhlen über, d.h. diese verschatten sich, verdichten sich, es können Herde (Foki) entstehen. Neben den Zahnwurzeln sind die Nasennebenhöhlen die häufigsten Foki im Körper. Wir spüren an der Dumpfheit, die wir im Kopf haben, an dem Verschattet-Sein, daß wir gegen die Liebe verstoßen haben. Es ist ein deutlicher Hinweis: Eine Selbstsucht, gleich, wie sie sich verschleiern mag, muß dahinterstecken.

Die Nase, das Geruchsorgan, dient ähnlichen Zwecken wie die übrigen Sinnesorgane. Wir können auch über einen üblen Geruch merken, wie wir noch reagieren, wenn unser Ich rebelliert. Wir können z.B. jemanden nicht riechen. Das ist ein eindeutiges Zeichen dafür, daß wir nicht die selbstlose Liebe für ihn haben, eher das Gegenteil. Wenn wir die Nase zu haben, „die Nase voll haben", z.B. von einem Menschen, so ist auch dann die Bedeutung eindeutig. Bin ich verschnupft, sollte ich sagen, was mich bedrückt, es nötigenfalls mit Worten ausniesen. Ähnliches gilt, wenn ich „jemandem etwas husten" möchte.

Hirnanhangdrüse (Hypophyse)

Die Hirnanhangdrüse, die Hypophyse, ist die zentrale Leitdrüse des Körpers. Sie reguliert alle anderen Drüsen und bildet mit ihnen Regelkreise.

Geistig gesehen, ist ihr Sitz direkt unterhalb der Seele, unter dem Bereich von Hypothalamus, Thalamus; dies sind die organischen Strukturen, die dem Seelenbereich entsprechen. Demgemäß funktioniert die Hypophyse etwa so, wie die Seele sich dem Körper gegenüber mitteilen kann. Fließen die seelischen Energien frei in den Körper hinein, dann fließen sie nicht nur über die sieben Zentren zu allen Organen, sondern direkt zur Hirnanhangdrüse. Diese wird dann gut funktionieren, alle Regelkreise beherrschen, sie wird dem Körper mitteilen, was die Seele möchte. Fließen die Energien aus der Seele nicht gut, haben wir das Zentrum der Liebe blockiert, so wird die Hypophyse in eine Unterfunktion kommen; wir werden langsam, lethargisch, depressiv, wir bekommen in allen übrigen Drüsen (Schilddrüse, Geschlechtsdrüsen, Nebennieren) Störungen; sie werden ebenfalls zur Unterfunktion neigen. Eine länger dauernde Unterfunktion führt zur Verschlackung des Körpers und der Hirnanhangdrüse selbst. Diese Verschlackung der Hypophyse ist höchst gefährlich, denn sie ist eine direkte Voraussetzung für alle schweren, chronischen Krankheiten wie z.B. Krebs.

Insofern haben wir anhand der Aktivität, der Dynamik, die wir in den Drüsen im Körper haben, einen Gradmesser, wie es um die zentrale Drüse, die Hypophyse, steht.

Zirbeldrüse (Epiphyse)

Die Zirbeldrüse oder Epiphyse wird auch das „Dritte Auge“ genannt, denn sie entspricht beim Menschen dem, was manche Tiere noch konkret als „Drittes Auge“ haben. Die Zirbeldrüse ist zwar im Zentrum des Schädels verborgen, sie hat aber direkte Informationskontakte zum Auge, denn sie reagiert auf alle Lichteinwirkungen sowie auf die übrigen Sinneseinflüsse.

Die Schulmedizin verkennt bis heute die Zirbeldrüse in der Bedeutung ihrer Funktion: Sämtliche rhythmischen Vorgänge im Menschen laufen über sie und werden in ihr im Zusammenspiel mit der Seele gesteuert, welche auf die kosmischen Einwirkungen, die kosmischen Rhythmen (materiell und immateriell) reagiert. Das sind der Tag-Nacht-Rhythmus, der 7-Tage-Rhythmus, dann der 28-Tage-Mond-Rhythmus, der jahreszeitliche Rhythmus, aber auch der Rhythmus der Lebensalter und der 7-Jahres-Rhythmus. Sämtliche kosmischen Einflüsse, die über die Planeten und die Sonne auf uns einwirken, laufen über die Epiphyse, die Zirbeldrüse. Ein kleines Beispiel, das jeder kennt, ist die Sonnenbräune; sie wird durch die Epiphyse gesteuert.

7. Das Bewußtseinszentrum der Barmherzigkeit

Die Barmherzigkeit beinhaltet das Verständnis für den Nächsten und das selbstlose Dienen. Sie beinhaltet den Gleichklang der positiven Kräfte und die kosmische Allharmonie.

Wir sollten die Barmherzigkeit nicht mißverstehen; d.h. wir sollten nicht andere und uns selbst schonen, wo nur Offenheit helfen und befreien kann. Der Mittelweg ist auch hier der richtige. Wir sollen kritisch sein, aber selbstlos, konstruktiv kritisch, nicht destruktiv und abwertend. Dies ist nur möglich, wenn ich keine Aversion gegen den Nächsten habe, wenn also keine Entsprechung da ist. Das heißt, wir sollten selbstlos barmherzig sein und den anderen nicht etwa schonen, damit er uns genauso wenig kritisiert, um unsere Entsprechung verborgen halten zu können. Wenn ich etwas will, z.B. daß der Nächste so sei oder so handle,

wie ich es mir vorstelle, will ich ihn nach meinem Bilde formen, kann ich nicht barmherzig sein.

Unbarmherzigkeit ist auch, überhöhte Ansprüche zu haben an uns selbst und/oder an die Nächsten, um dadurch von der eigenen, unzureichenden Verwirklichung abzulenken. Intoleranz ist ein Zeichen für Verdrängung und Kasteiung statt Überwindung. Derjenige, welcher verwirklicht und überwunden hat, wird Verständnis und Einfühlungsvermögen haben.

Richtig verstandene Barmherzigkeit will nichts für sich, sondern gibt dem Nächsten, was seine Seele braucht, ohne ihn zu verletzen. Unterstütze ich ihn dabei, das zu werden, was er im Wesenskern seiner Seele ist, ein reines Geistwesen, und tue ich dies als Hilfe zur Selbsthilfe, ohne irgend etwas zu wollen, so bin ich barmherzig.

Das Zentrum der Barmherzigkeit befindet sich unterhalb des Scheitelpunktes im Gehirn. Es ist eng gekoppelt an das Zentrum der Liebe. Sein Wirkungsbereich umfaßt das Großhirn und das Kleinhirn.

Großhirn

Das Großhirn ist beim Menschen überdimensioniert, was dazu führen wird, daß er durch Mißbrauch seiner intellektuellen und wissenschaftlichen Kräfte seine Selbstzerstörung hervorruft. Ethik und Moral, welche darüberstehen sollten, sind demgegenüber zurückgeblieben. Handeln wir nur entsprechend dem Wissen, sind wir unbarmherzig. Verständnis, Verzeihenkönnen und Vergebung wären die übergeordneten Tugenden. Wäre Gott zu uns Menschen so unbarmherzig, wie wir es gegenüber anderen Menschen sowie den Reichen der Tiere, Pflanzen und Mineralien sind, stünde der Untergang der Menschheit sicher bevor.

Schon ein Handeln nach dem geflügelten Wort „Was du

nicht willst, das man dir tut, das füg' auch keinem anderen zu" würde die Welt wesentlich anders aussehen lassen.

Das Großhirn registriert alles, was die Sinnesorgane des Körpers aufnehmen, nicht nur die Sinnesorgane des Kopfes, sondern auch der Haut und der inneren Organe. Es registriert alle Schmerzen. Jeder Schmerz sollte ein Signal für uns sein, ein Hinweis, zu fragen: was steckt dahinter? Wir sollten alle diese Sinneseindrücke auf ihren Informationsgehalt prüfen und sie nicht ungenutzt verstreichen lassen. Das Großhirn reagiert darauf, indem es über die Sprache, über die Gesten, über sämtliche Muskelbewegungen den Körper steuert, und wir merken klar, wenn dies nicht so recht funktioniert, daß wir unbarmherzig gehandelt und gelebt haben. Kopfschmerzen sind das häufigste Warnsignal. Statt uns den Kopf zu zerbrechen, sollten wir lieber das Herz befragen. Intellektueller Ehrgeiz führt in die Irre, die Wahrheit ist einfach.

Der gesamte Körper ist sensorisch (durch Sinne aufnehmend) und motorisch (über Muskeln ausführend) auf der Großhirnrinde repräsentiert. Ausfälle sind exakt zu lokalisieren. Immer mehr bedeutsam werden hier Herde von Viren, die quasi eine Burg bauen und ganz langsam ihre Wirtszellen zerstören. Unsere Schwingung vor allem im Bereich des Gehirns, mit der wir über der von Viren stehen oder aber nicht, wird in Zukunft von großer Bedeutung sein.

Kleinhirn

Das Kleinhirn ist die Koordinationszentrale zwischen sämtlichen Muskeln des Körpers und den Sinneseindrükken. Wir müssen, um uns so bewegen zu können, wie es uns selbstverständlich ist, alle Sinneseindrücke verwerten und in Form koordinierter Muskelbewegungen darauf reagieren.

Diese Koordination findet im Kleinhirn statt, in enger Zusammenarbeit mit dem Gleichgewichtsorgan. Es ist eine große Leistung, wenn wir bedenken, daß ein Neugeborenes Monate und Jahre braucht, bis es sich das angeeignet hat. Die Seele hat dabei eine wesentliche Aufgabe, denn sie drängt den Körper dazu, sich Mühe zu geben. Auch hier werden wir Mängel spüren in der Koordination, z.B. ein Zittern, wenn wir gegen die Barmherzigkeit verstoßen haben.

Unsere Erfahrungen zeigen, daß tatsächlich der erste Schritt zur Besserung in der Selbsterkenntnis liegt. Besserung nicht nur im ethischen Sinne, sondern vor allem auch gesundheitlich.

Dabei sind körperliche Beschwerden, Anzeichen und Symptome die Indizien, die wertvollen Hinweise, die Leitlinien. Sie führen uns zum Aufspüren der Wurzel dessen, was in uns der Harmonie entgegensteht und somit immer wieder Störungen der Gesundheit verursacht.

Es besteht ein immer nachweisbarer Zusammenhang zwischen Organerkrankung, betroffenem Bewußtseinszentrum und Verstoß gegen die dort repräsentierte göttliche Eigenschaft. Der Schluß ist in beiden Richtungen möglich: von der Erkrankung zur Fehlhaltung als der Ursache wie auch von der Fehlhaltung zur organischen Energiearmut als der Folge.

Arzt und Patient sind sozusagen Detektive und arbeiten gemeinsam daran, aus dem Tatbestand der Erkrankung heraus den Täter, also die ungesetzmäßigen Gedanken und Empfindungen, zu finden.

Wir wissen, daß in allem Negativen das Positive liegt, wir müssen nur bereit sein, es zu suchen. So befindet sich in jeder Krankheit, auch der geringfügigen, der erste Ansatz zur Erkenntnis und zur Heilung.

Erst die Selbsterkenntnis führt zu den tiefgreifenden Veränderungen und Heilwerdungsprozessen, die uns in die Einheit mit uns selbst, mit unserem „Selbst“, dem Wesenskern der Seele, bringen.

Dies wird möglich, wenn wir den Erscheinungen im Körper, im Materiellen, aus der Vertrautheit mit dem geistigen Körper heraus, die Botschaften entnehmen, die sie uns schenken möchten. Wir müssen hierzu jedoch bereit sein, in uns zu forschen, uns in Frage zu stellen, statt äußerlich alles zuzudecken und die Fassade aufrechtzuerhalten.

Ein Beispiel: Der Patient klagt über Schmerzen im linken Ellbogengelenk. Eine äußere Ursache ist nicht feststellbar. Frage des Arztes: „Könnte es sein, daß du eifersüchtig bist, es aber nicht wahrhaben willst, es unterdrückst?“ Der Patient stutzt, ist getroffen. Am nächsten Tag berichtet er, nach der Erkenntnis, daß dies richtig sei, und nach dem Bearbeiten dessen (Gespräch mit dem Partner) seien die Schmerzen vergangen.

Die beste Immunisierung gegen Krankheiten ist die Wiederherstellung aller Selbstheilungsmechanismen. Dies bezieht mit ein:

a) das Immunsystem (Körperabwehr),
b) das vegetative Nervensystem,
c) das Hormonsystem,
d) das Kommunikationssystem aller Zellen,
e) das Reparatursystem der Erbsubstanz (DNS).

Alle diese fünf Systeme unterstehen nicht unserer bewußten Steuerung, sondern werden über ihre Regelkreise unbewußt beeinflußt. Harmonie in uns läßt sie frei und vollkommen funktionieren. Störungen der Harmonie sind erkennbar über Organstörungen, die uns die geistig-seelischen Ursachen anzeigen wollen, sofern wir es annehmen.

V. HARMONIE IST LEBEN UND GESUNDHEIT DES KÖRPERS

Der universelle Geist ist Gott, das Leben. Gott ist die Allharmonie in der gesamten Unendlichkeit. Die Allharmonie ist das ewige Gesetz der Unendlichkeit. Die gesamte Unendlichkeit ist Energie.

Sowohl das absolute Gesetz der Unendlichkeit, das erhaltende, ewig schaffende, das ewig seiende Gesetz, als auch das Kausalgesetz, das Gesetz von Saat und Ernte, das nach der Erlösung umgewandelt ist, ist Energie.

Somit ist alles Energie, das Feinstoffliche und Grobstoffliche, das reine geistige Universum und das materielle Universum. Die Gestirne, die Steine, Pflanzen und Tiere; alles, was wir sehen und was wir nicht sehen, ist Energie.

Der Organismus des Menschen, das wunderbarste Kraftwerk, das es auf Erden gibt, ist Energie. Alles Grobstoffliche, alles, was wir sehen, ist heruntertransformierte göttliche Energie.

Energie schwingt, Energien sind Frequenzen, Schwingungen.

Jede Frequenz, jede Schwingung hat einen Ton. Verschiedene Schwingungen zusammengefaßt ergeben einen Klang oder Klänge.

Gleiche oder ähnliche Schwingungen oder gleiche oder ähnliche Tonlagen ergeben einen harmonischen Klang, eine harmonische Melodie. Sehr stark voneinander abweichende Tonlagen können Mißklänge ergeben.

Somit ist die ganze Unendlichkeit Melodie. Das ewig strömende, schaffende und sich formende Gesetz, aus dem die feinstofflichen Körper hervorgehen, ist Harmonie. Harmonie ist wiederum Melodie.

Jeder grobstoffliche Körper klingt, ist Melodie, entsprechend seinen Frequenzen. Der menschliche Organismus ist also Melodie. Selbst jedes Organ im Menschen, die Muskeln, Drüsen und Hormone klingen, sind also Klang. Jedes Organ hat seine Frequenz.

Die Schwingung, die Frequenz, den Klang des Körpers bestimmt der Mensch selbst, nach seinem Empfinden, Denken, Sprechen und Handeln. Daraus wiederum ergibt sich der Körperrhythmus.

Der Körperrhythmus ist also die Summe der Empfindungen, Gedanken, Worte und Werke. So wie der Mensch empfindet, denkt, spricht und handelt, so ist er und so klingt er.

Der Mensch selbst nimmt mit seiner Empfindungs- und Gedankenwelt, mit seinen Worten und Handlungen, Einfluß auf seine Nerven, auf jedes Organ, auf Zellen, Muskeln, Drüsen, Hormone oder Knochen.

Dumpfe Töne und Mißtöne, also gegensätzliche Empfindungen, Gedanken, Worte und Werke, das Ego des Menschen, ziehen aus dem Reich negativer Gedanken negative Kräfte an. Diese verbinden sich mit den eigenen Gedanken und wirken störend auf den gesamten Organismus ein.

Die dumpfen Töne, die egoistischen Kräfte, stimmen den Körper, den menschlichen Organismus, dumpf. Der Mensch wird stumpfsinnig, dreist, unnachgiebig und intolerant. Er wird eventuell ein Grübler, der seiner Vergangenheit nachhängt und andere für sein Fehlverhalten verantwortlich macht. Auf diese und ähnliche Weise wirkt er negativ auf sein Nervensystem ein und damit auf seine Organe, Drüsen, Hormone, Muskeln und Knochen, ja auf seinen gesamten Organismus.

Helle, lichte, harmonische Töne hingegen, die dem Rhythmus der Unendlichkeit entsprechen, ziehen lichte, lindernde und heilende Kräfte an. Der Mensch also bestimmt sein Leben, er bestimmt sein Schicksal: Freude,

Harmonie, Zufriedenheit und Gesundheit oder Leid, Krankheit, Not, Siechtum, Einsamkeit.

Wie wir heute denken, reden und handeln, so sind wir, und so wird es uns morgen ergehen. Der Same unseres Denkens und Handelns geht also morgen auf. Wer oder was kann uns helfen, kann uns erretten?

Die Zeit ist überschritten, in der wir sagen konnten: Es gibt für unseren Körper Medikamente und Naturheilmittel; wir können uns gesund ernähren, wir treiben Sport, machen Urlaub und tummeln uns am Strand, oder wir gehen in Kurorte und Bäder zur Erholung.

Die Gefahren sind groß geworden! Ansteckende Krankheiten, wie z. B. die gefürchtete Krankheit Aids, oder Katastrophen bedrohen weltweit den Menschen. Der Mensch findet keine Sicherheit mehr. Mit den Gefahren vergrößert sich auch die Angst. Angst zieht das an, wovor wir uns fürchten. Wir selbst ziehen also an und erhalten, wovor wir Angst haben.

Gehen wir um zehn Jahre zurück und betrachten die Entwicklung unserer Zeit, dann sehen wir einen stetigen Abstieg. Bis heute hat die Wissenschaft uns viel versprochen, doch sie hat wenig, in vielen Situationen gar nichts gebracht. Im Gegenteil, sie hat den Menschen in ein immer tieferes Chaos geführt.

Was nützt uns die Technik, wenn wir krank sind und leidend?

Was nützen uns schnelle Maschinen, wenn wir sie nicht mehr benutzen können, weil der Körper immer schwächer wird und sich Krankheit und Sorge ausbreiten?

Kann die Wissenschaft den Krebs beheben? Was hat die Wissenschaft gegen Aids? Kann die Wissenschaft heute sagen, daß sie für die vielen noch unerkannten Krankheiten gewappnet ist? Bisher nur Hoffnungen, doch wenig Erfolg.

Wegen der vielen atomaren Versuche und durch Störungen und Pannen in den Atomkraftwerken steigt laufend die Radioaktivität. Was ist letztlich noch genießbar?

Schauen wir genauer hin, lesen wir zwischen den Schlagzeilen und hören wir aus den Berichten der Rundfunksender heraus, was tatsächlich in der Welt geschieht, dann haben wir die Katastrophe nicht mehr vor uns, sondern wir sind mitten in der Katastrophe. Wir können also den Satz eines Liedes für uns anwenden: „Wohin soll ich mich wenden, wenn Gram und Leid mich drücken?" Wir können den Satz erweitern: Wohin soll ich mich wenden, wenn Gram, Krankheit, Schmerz, Leid und Siechtum über mich kommen, wohin?

Die Erde ist verunreinigt, das Wasser zum größten Teil nicht mehr genießbar. Pflanzen und Kräuter sind radioaktiv verstrahlt. Sämtliche Naturprodukte sind mehr oder weniger verstrahlt, die chemischen Produkte sind an und für sich schon schädlich.

Wovon sollen wir leben? Von der radioaktiven Strahlung, dem verstrahlten Obst und Gemüse, den verstrahlten Früchten des Feldes und des Waldes, von dem radioaktiv durchdrungenen Fleisch?

Und womit sollen wir uns heilen? Mit den radioaktiven Naturheilmitteln und den radioaktiven Medikamenten?

Was sollen wir tun?

Wenn wir es recht besehen, dann haben wir nur noch zwei Möglichkeiten: Entweder die Radioaktivität aufzunehmen und somit ein negativer Strahlungskörper zu werden, der für alle möglichen Krankheiten und Seuchen anfällig ist, oder verhungern!

Wenn wir nur auf das Materielle, auf das Zeitliche, blikken, dann haben wir nur noch diese beiden Möglichkeiten.

Viele Menschen glauben immer noch, die Wissenschaft hätte Gegenmittel bereit! Die Wissenschaft ist m.E. machtlos. Viele Versprechungen, Diktate, Hoffnungsbezeugungen und Verschleierungen halten das Volk da und dort noch in Schach. Ich behaupte und weiß es in meinem Inneren, daß kein Mensch ein Allheilmittel hat. Kirchen, Regierungen und Wissenschaft haben versagt.

Wo ist also die Hilfe, wohin sollen wir uns wenden?

Hilfe ist allein bei Gott, der ewigen positiven Energiequelle, der selbstlosen Liebe, der der Urquell allen Seins ist, der unermüdlich strömt und Seele und Mensch beglücken möchte.

Wer sich seiner Kindschaft Gottes bewußt wird, wer seine Vergangenheit bereinigt und positiv in der Gegenwart lebt, also positiv empfindet, denkt, spricht und handelt, der gelangt in den harmonischen, kosmischen Rhythmus.

Der harmonische, kosmische Rhythmus, die ewige Strahlung, Liebe, kennt weder Krebs noch Aids. Die ewige Strahlung, das ewige kosmische Gesetz der Liebe, kennt keine Ansteckung; es ist absolut, ewig rein und gebend. Wir müssen jedoch zu Empfängern für den kosmischen harmonischen Rhythmus, für die göttliche Strahlquelle, werden.

Gott, die höchste Strahlung, ist da, weil Gott allgegenwärtig ist. Selbst in allem Negativen ist die höchste Strahlung, Gott, verborgen, gleichsam eingekapselt. Wir aber müssen den ersten Schritt tun und die Kapsel sprengen, damit aus dem Negativen das Positive, die höchste Strahlung, dringt und unsere Seele reinigt, durchlichtet und unseren Körper heilt.

Gott ist immer da, Er möchte uns helfen und dienen. Doch wir selbst müssen Gott die Möglichkeit einräumen, daß Er, die ewige Kraft der Liebe, der Harmonie und des Friedens, Er, die kosmische Heilkraft, in uns wirksam werden kann.

Gott ist die höchste Strahlquelle, Gott ist Harmonie. Wo Harmonie ist, dort gedeiht das Leben, dort heilt der Organismus, dort verändert sich auch die Umwelt zum Positiven.

Es nützt nichts, die Schuld auf den Nächsten zu schieben, die Schuld an Schicksalsschlägen, an Nöten, Sorgen, Krankheiten, Problemen, Atomversuchen, an Verunreinigung der Erde und anderem. Jeder von uns trägt Schuld an der Verunreinigung der Erde, an der atomaren Strahlung, an der Zerrüttung der Menschheit. Jeder von uns ist schuldig, daß Haß, Neid, Feindschaft und Krieg in der Welt herrschen.

Jeder von uns ist schuldig, daß Atomversuche stattfinden.

Jeder von uns ist schuldig, daß die schlimmsten Waffen erfunden und produziert werden.

Jeder von uns ist schuldig an den grausamen Tierversuchen, deren Zweck es ist, Mittel gegen Krankheiten unseres Körpers zu finden. Wir haben geschwiegen, als die Massenmedien von Waffenproduktionen, von Atomspaltung und von Atomversuchen berichteten.

Wir haben geschwiegen und schweigen heute noch, wenn in anderen Ländern Krieg, Mord, Haß das Leben unserer Brüder und Schwestern zeichnet.

Wir haben uns selbst schuldig gemacht durch unser negatives, haßerfülltes Denken, indem wir Zwietracht säten, anstatt das Böse durch Liebe umzuwandeln. Wir haben uns an dem ewigen Gesetz versündigt, indem wir negativ gegen unseren Bruder eingestellt waren und sind und indem wir das Naturreich geschändet haben und schänden.

Wer schweigt, der bejaht das Böse in dieser Welt und macht sich mitschuldig.

Wir haben also durch unsere Gedanken und unser Schweigen das Tun und Treiben verstärkt, das in dieser Welt geschah und geschieht. Wir haben unsere Gedanken, unsere Kräfte, hinzugegeben. Wir haben Gedanken des Hasses, des Neides, der Feindschaft dem Nächsten gegenüber in die Atmosphäre projiziert. Wir haben damit negative Energien freigesetzt, die wieder über uns hereinbrechen, die all jene verstärken, die diese Welt in den Abgrund führen.

Sowohl positive als auch negative Gedanken finden mit gleichgesinnten Gedanken zusammen und werden zu einem Energiekomplex. Dieser Energiekomplex verbindet sich immer wieder mit gleichartigen Gedanken, Vorstellungen und Wunschgedanken, z. B. mit Gedanken des Hasses, des Neides, der Zwietracht, des Kampfes, des Krieges, des Mordes oder der Zerstörung. Solche Energiekomplexe nehmen sodann Einfluß auf jene, die, ihren Eignungen entsprechend, Waffen entwerfen oder Waffen produzieren, die Atome spalten, Kraftwerke bauen, atomare Versuche auf und in der Erde machen. Auch dazu haben wir unsere Gedanken gegeben; wir haben geschwiegen und damit letzten Endes bejaht, was jetzt über uns hereinbricht.

Aus diesen Energiekomplexen können auch Menschen Gedanken abrufen, die sie sodann umsetzen und als ihre Werke betrachten. In Wirklichkeit jedoch sind daran viele Menschen beteiligt, die ihre Energien, also ihre Gedankenkräfte, hinzugegeben haben. Aus dem Reich der Gedanken, in dem viele Gedanken eines jeden von uns sind, fließen sodann denjenigen Menschen die Einfälle zu, die hierfür entsprechende Eignungen haben, wie z. B. zum Bau von Waffen, zum Bau von Atomkraftwerken, zur Atomspaltung, zu Tierversuchen und anderem mehr.

Vergessen wir nicht das grausame Hinschlachten der Tiere oder wie Tiere in den Versuchsanstalten Tag für Tag, Nacht für Nacht gequält werden! Die Empfindungen dieser Tiere gehen in die Atomsphäre – und fallen wieder auf uns zurück. Dadurch wird der schon grausame Mensch noch grausamer, der zudem auch die gebündelten Grausamkeiten derer anzieht, die da und dort, z. B. in Waffenfabriken oder in Tierversuchsanstalten, ihre Gedanken und Vorstellungen weiter in die Atmosphäre projizieren.

Was sich heute in der Welt zeigt, ist das, was Jesus von Nazareth angekündigt hat: das Weltende. Es ist die Vernichtung aller äußeren negativen Erscheinungsformen. Doch nicht Gott vernichtet, sondern das Negative zerbirst unter dem Druck, den es selbst geschaffen und angesammelt hat. Die Aggressionen, die Disharmonien werden frei, sie entladen sich wie ein gewaltiges Gewitter.

Dennoch ist in Gott Hoffnung, denn in allem Negativen ist auch das Positive, die höchste Energiequelle, der Geist. Er ist der Halt vieler Menschen, die erkannt haben: Es gibt nur einen Rettungsanker, die höchste Strahlquelle, Gott, der Geist des Alls, die Harmonie und Liebe der Unendlichkeit.

Wollen wir diese Welt zum Positiven hin verändern, dann müssen wir uns zuerst selbst ändern. Wir müssen uns selbst die ewigen kosmischen Gesetze der Harmonie und Liebe zu eigen machen, um aus dem Dilemma des Hasses, des Neides, des Kampfes, des Hungers, des Siechtums, der Krankheit und des Todes herauszufinden. Wir müssen uns bemühen, die kosmischen Gesetze anzuwenden, die Gesetze der Harmonie, der Liebe und des Friedens. In allem Negativen ist die höchste Strahlquelle, der positive Keim, eingekapselt. Wir müssen ihn öffnen, indem wir den ersten Schritt tun hin zum positiven Denken und Leben.

Beginnen wir nicht erst morgen, beginnen wir heute, denn es ist höchste Zeit! Siechtum, Leid und Tod greifen immer mehr um sich. Unser Halt ist Gott, das ewige Gesetz. Beginnen wir!

Um Harmonie und Frieden für uns selbst zu erlangen, müssen wir umdenken. Wir müssen unser Milieu, unsere Gedankenwelt, unser menschliches Klima, verändern, das vergiftend auf uns und die Umwelt einwirkt.

Es sind unsere Neid- und Haßgedanken gegenüber unseren Mitmenschen, es ist unsere Vergangenheit, die uns beschäftigt und belastet; diesem und jenem können wir nicht vergeben. Warum? Was wollen wir? Jeder negative, grüblerische und ängstliche Gedanke wirkt zersetzend auf unseren Körper und auf unsere Umwelt ein. Wie lange wollen wir uns noch versündigen? Beginnen wir jetzt!

Wir haben lange genug geschwiegen – wir schweigen nicht mehr, wir handeln: Wir beschuldigen nicht unsere Mitmenschen, sondern beginnen zuerst bei uns selbst, lauter zu werden.

Beginnen wir endlich, christlich zu sein und das Gebot der Vergebung und die Bitte um Vergebung anzuwenden! Wir sollen zuerst an uns die Frage stellen: Wen soll ich um Vergebung bitten, – nicht: wer soll mich um Vergebung bitten.

Beginnen wir bei uns, es ist höchste Zeit! Wollen wir die Welt verändern, dann müssen wir uns zuerst selbst ändern, dann wird auch in unserer kleinen Keimzelle, in der Familie, Ordnung sein. Dann strahlen wir positiv aus und erfassen damit größere Bereiche.

Das „Klima", das Milieu in uns, in der Familie, bestimmen wir selbst. Unsere eigenen Empfindungen, Gedanken, Worte und Handlungen bestimmen unser Leben. Unser Klima, unser Milieu also, besteht aus unserer Empfindungs- und Gedankenwelt, aus dem, was wir sagen und was wir tun. Unser Klima, unser Milieu, ruft aus dem Reiche der Gedanken immer wieder gleichschwingende Kräfte ab; diese verstärken unser Klima, unser Milieu, also unsere Gedankenwelt, und wirken im Verbund mit unserem Gedankenleben auf uns, auf unsere Seele, auf unseren Körper, auf unsere Familie und auf unsere Umwelt ein.

Wenden wir jedoch die göttlichen Gesetze an, das Gesetz der Liebe und Harmonie, dann gelangen wir allmählich in Übereinstimmung mit den geistigen Gesetzen. Die Folge davon ist Gesundheit, Friede und Harmonie in uns, in unserer Familie. Diese positiven Kräfte werden sodann ebenfalls ein Verbund, ein immer größerer positiver Energiekomplex, der immer wieder von positiv denkenden Menschen abgerufen wird, die sodann weiter positiv wirken und wiederum die positiven Kräfte verstärken, die von uns ausgehen. Dadurch kann die Welt erhellt, also in positivem Sinne verwandelt werden.

Wir müssen also erkennen, daß wir selbst es sind, die die Welt verändern können. Verändern wir uns zum Positiven hin, dann wird sich auch unser Klima positiv verändern. Das Milieu verändert sich positiv, das Negative zieht von uns, und positive Kräfte umgeben uns. Sie bestimmen unser Leben und stimulieren uns.

Zu selbstloser Liebe und Harmonie gelangen wir, indem wir zuerst einmal bei uns selbst beginnen und uns fragen: Wem haben wir zu vergeben, und wen sollen wir um Vergebung bitten?

Vollziehen wir es dann von Herzen, dann beginnt in uns eine positive Wandlung. Daraus ergibt sich auch eine veränderte Empfindungs- und Gedankenwelt: Wir beginnen positiver zu denken, d.h. wir sehen nicht in allem das Negative und sprechen nicht Stunden und Tage über negative Dinge und Geschehnisse, sondern wir suchen und finden auch im Negativen das Positive. Das verstärken wir sodann mit unseren positiven Gedanken. Daraus ergibt sich wieder ein positives Umfeld für uns und ein erhebendes Gefühl der Freude, des Vertrauens an die höchste Macht, die alles in ihren Händen hält, auch mich, jeden von uns.

Will ich, daß mein Körper gesundet und ordnungsgemäß funktioniert, dann muß ich mich ändern, so daß sich auch das Milieu verändert. Nicht mein Nächster soll sich ändern – zuerst muß sich in mir ein Wandel vollziehen, vom negativen, gehässigen und intoleranten Verhalten hin zum positiven Verhalten und zur Toleranz. Will ich Gesundheit erlangen, dann muß ich bejahende, aufbauende, stärkende, ja gesunde Gedanken denken. Ich kann nicht vom Nächsten erwarten, daß er es für mich tut, daß er mich gesund macht. In mir selbst liegen die Kräfte für Gesundheit und Krankheit für mich und nicht in meinem Nächsten. Ich muß mich bemühen, so zu leben, daß ich von innen heraus gesunde; das kann nicht mein Nächster für mich tun.

Wir sollen es uns jeden Morgen neu bewußt machen, daß Harmonie das Leben und die Gesundheit des Körpers ist.

Ich finde Schritt für Schritt in den lebenspendenden Strom der Harmonie, indem ich meine Mitmenschen nicht mehr abwerte, sondern in ihnen das Gute finde, indem ich vergebe und um Vergebung bitte, indem ich mich bemühe, anstatt negativ nun positiv zu denken. Denke ich meiner Seele und meinem Organismus Gesundheit zu und erwecke ich die harmonisierenden Kräfte in jeder Zelle meines Leibes, dann wird meine ganze Körperstruktur umgewandelt vom Negativen zum Positiven. Höhere Kräfte durchdringen dann die Seele und heilen den Leib.

Der Schlüssel für Harmonie und Gesundheit liegt immer im Menschen selbst. Der Mensch stellt einen harmonischen Zustand in sich her, indem er seine inneren und äußeren Aggressionen gegen seinen Nächsten ablegt und sie überwindet, indem er sich im Spiegel des Nächsten selbst erkennt, gemäß dem Gesetz der Entsprechung: Was ich beim anderen bemängle, das mich erregt, habe ich selbst.

Der Nächste ist der Spiegel für mich. Was ich an meinem Nächsten sehe, was mich an seinem Äußeren, an seinem Gebaren, seiner Redeweise, seinen Handlungen erregt, das trage ich in gleicher oder ähnlicher Weise in mir selbst. Also das, was mich am Nächsten erregt, das liegt noch in mir selbst. Gott zeigt mir über meine Mitmenschen, wer ich selbst noch bin und worin die Ursachen für körperliche oder seelische Leiden liegen.

Wir müssen erkennen, daß jeder Tag der Tag Gottes ist und zugleich der Tag jedes einzelnen. Gott erweckt jeden einzelnen Menschen jeden Tag neu. Jeden Morgen, wenn der Mensch erwacht, findet eine kleine Reinkarnation statt. Die Seele, die nachts unterwegs war, betritt wieder ihr irdisches Haus, den Körper, und nimmt in ihrem Leib wieder die volle Funktion auf. Somit gibt uns Gott einen neuen Tag. Er erweckt uns am Morgen und zeigt uns schon zu Tagesbeginn, wer wir sind.

Wenn wir am Morgen erwachen, erkennen wir schon, was wir denken. Daran erkennen wir, wer wir noch sind und was wir eventuell noch zu bereinigen haben. Der Tag ist der Tag jedes einzelnen, er ist also mein Tag, der mir von Gott gegeben ist. An diesem meinem Tag gibt mir Gott all das, was ich heute erkennen und verwirklichen kann.

Gott gibt mir jedoch nur so viel, wie ich erkennen und mit der Hilfe Christi überwinden kann. Gott mutet mir nicht mehr zu. Er kennt mich und weiß, was ich heute tragen, erfassen und übergeben kann, damit Harmonie und Friede meinen Körper durchziehen und ich gesund bleibe oder gesund werde. Beachte ich jedoch das Geschenk Gottes, den Tag, seine Möglichkeiten nicht, hafte ich gedanklich immer noch an meiner Vergangenheit, mache ich mir unnütze Gedanken über meinen Nächsten, bin ich mürrisch, zänkisch und unnachgiebig, so lasse ich die Möglichkeiten ungenutzt.

Beachten wir also nicht den Tag, der uns heute, jeden Augenblick, viel zu sagen hat, dann häufen sich die Belastungen, weil wir sie nicht Tag für Tag angehen, sondern aufschieben und sie von außen durch Abrufung von Gedanken aus dem Reich der Gedanken verstärken. Es häufen sich also Dinge und Geschehnisse, die ebenfalls Energien und Gedankenkräfte sind, die wir Tag für Tag hätten erledigen sollen.

Diese Energien bleiben für uns, für jeden einzelnen, in der Atmosphäre und gehen zum Teil als Belastung in die Seele, in das Buch des Lebens, ein.

Durch einen blitzartigen Gedanken können wir aus dem Reich der Gedanken das abrufen, was in uns als Belastung liegt. Dann fällt unter Umständen ein Kraftfeld negativer Energie über uns herein. Die vielen Aspekte der vergangenen Tage, Wochen oder gar Jahre, die wir nicht beachtet haben, kommen nun als mächtiges negatives Kraftfeld auf uns zu. Es bringt, je nachdem, was wir an diesen Tagen, Wochen oder Jahren übersehen, übergangen oder neu verursacht haben, Schicksalsschläge, Leid, Not, Krankheit oder andere Belastungen.

Eine Krankheit ist nichts anderes als eine Kristallisation negativer Empfindungen, Gedanken, Worte und Handlungen.

Die Summe vieler negativer Empfindungen, Gedanken, Worte und Handlungen ergeben Kristallisationspunkte, Ursachen für Krankheiten, Unpäßlichkeiten, Schicksalsschläge und dergleichen. Beginnen wir, nur die Wirkung zu bekämpfen, d.h. die Krankheit als solche zu sehen, um sie aus dem Körper zu treiben, dann haben wir noch lange nicht die Ursache erkannt. Die Ursache ist jedoch der Schwelbrand, der immer wieder neues Feuer auslöst, es sind die nicht erkannten Empfindungen, Gedanken, Worte und Werke. Es ist das, was uns tagtäglich an Negativem beschäftigt. Es ist unsere Starrheit, nicht um Vergebung zu bitten und vergeben zu wollen.

Viele Ärzte gehen die Wirkungen an, löschen aber mit dem Patienten nicht den Schwelbrand, die Ursache. Deshalb werden die Krankheiten immer umfangreicher. Viele Krankheiten werden nicht erkannt, weil der Schwelbrand durch immer weitere, neue negative Empfindungen, Gedanken, Worte und Handlungen genährt wurde und genährt wird. Wenn nur die Wirkung, die Krankheit selbst, bekämpft und nicht die Ursache erkannt und behoben wird, dann sucht sich die Ursache, die sich unter Umständen durch das weitere Fehlverhalten vergrößert hat, andere Kanäle. Sie bricht als eine andere Krankheit wieder über den Menschen herein, der schon glaubte, die Krankheit behoben zu haben. Aus diesem und weiterem Fehlverhalten entstehen Krankheiten, deren Ursachen und Wirkungen noch nicht erkannt sind.

Unser Organismus ist mit einem großen Kraftfeld, mit einem mächtigen Betrieb, zu vergleichen. Jedes Organ, jede Zelle, Drüse, jedes Hormon und jeder Muskel haben in dem großen Betrieb ihre Funktion. Sind Zellen geschwächt, so werden Organe funktionsuntüchtig, sind die Hormone gestört und die Drüsen aus ihrem Rhythmus, dann ist der gesamte Betrieb funktionsuntüchtig. Der mächtige Organismus, der Betrieb, geht in Konkurs, weil zu wenig Kapital, also Energie, den Betrieb, den Körper, versorgen kann. Die Störungen im Körper bewirken, daß die Lebenskraft, der Geist, den Menschen nicht voll durchdringen kann, weil sich der Mensch vom Geist, dem ewig strahlenden und gebenden „Ich Bin“ abwendet durch seine Vorstellungen, Wünsche, Begierden, Leidenschaften, durch Haß, Streit, Zank, Neid, Feindschaft und all das, was zum menschlichen Ich gehört.

Die Erkenntnis vieler Menschen ist eingeschränkt durch ihre Wünsche und Vorstellungen, durch ihr menschliches Ich und ichbezogenes Denken. Infolge ihrer Abwertung des Nächsten, ihres Nicht-Vergebens, ihrer Erwartungshaltung glauben sie, der Nächste wäre an ihrer Situation schuld; er müsse sich entschuldigen und das Nötige tun. Sie wirken damit beständig auf ihren eigenen Körper ein. Negative Gedanken entziehen sowohl der Seele wie auch dem Körper Energie. Das bedeutet sowohl für die Seele als auch für den

Körper Schwächung. Jede Schwächung beruht auf Disharmonie, also auf falschem Denken und Handeln.

Hier ist nicht die Altersschwäche gemeint, in der Zeit, in der sich die Seele allmählich vom Körper zurückzieht, um nach dem Leibestod in andere Welten zu gehen; hier ist die Schwächung durch falsches Denken gemeint, durch die Dissonanzen des menschlichen Ichs. Wo Disharmonie ist, ziehen Störungen und Krankheiten ein.

Bei körperlichen Ursachen sucht der einzelne die Schuld selten bei sich, sondern in vielen Fällen bei seinem Nächsten: „Er ist schuld, daß ich krank bin. Er ist schuld, daß ich leiden muß. Er ist schuld, daß es mir so und nicht anders ergeht.“ Wir müssen umdenken lernen, um gesund zu bleiben oder gesund zu werden und aus unseren Schwierigkeiten und Problemen herauszufinden. Wir sollen uns besinnen, daß keiner allein die Schuld für unsere Schwierigkeiten, Probleme und Krankheiten trägt. Immer haben auch wir unseren Teil dazugetan, und sei es nur durch unser falsches Denken.

Wir dürfen nicht gleich mit dem Argument kommen, wir hätten allezeit richtig gedacht; wir müssen uns fragen: Was habe ich während der Zwistigkeiten oder der Gespräche mit dem angeblich Schuldigen gedacht, was habe ich über ihn empfunden? So müssen wir uns eingestehen, daß auch wir einen Teil der Schuld tragen, denn entweder in diesem oder in einem der Vorleben haben wir Ähnliches verursacht, haben wir ungesetzmäßig gedacht und gehandelt.

Schlechte, also niedrige Gedanken und gegensätzliche Worte, die ich gegen meinen Nächsten habe, führen zur Abgrenzung; der Mensch wird ein Individualist, der nur auf sich bezogen lebt, der andere abwertet, um sich selbst aufzuwerten und zu bestätigen. Im weiteren ergeben sich daraus Mißtrauen und Aggressionen. Das persönliche Klima, das eigene Milieu, wird dadurch vergiftet, also negativ gestaltet und nicht zuletzt auch das Umfeld, nämlich all jene, die dem, der seinen Individualismus pflegt, zugehören.

Betrachten wir uns selbst: Immer wieder ziehen Neid, Mißgunst und abwertende Gedanken zu unseren Mitmenschen. Wir glauben, besser zu sein als unser Nächster. Betrachten wir jedoch unsere Gedanken, dann erkennen wir uns allmählich selbst und wissen, wo die Ursachen unserer Krankheiten, Nöte und Schicksale liegen. Mancher zieht sich in sein Schneckenhaus zurück, wenn er glaubt, vom Nächsten nicht angenommen zu werden. Dieses Zurückziehen bedeutet, er will seinen Nächsten so sehen, wie er glaubt, daß er sein müsse. Nimmt dieser seine Projektionen nicht an, dann zieht er sich enttäuscht zurück. Jede Enttäuschung über unseren Nächsten ist eine Enttäuschung über uns selbst: Ich habe von meinen Mitmenschen etwas erwartet und nicht bekommen, das enttäuscht – also will ich nichts einbringen, sondern nehmen. Das Gesetz ist jedoch auf selbstloses Geben und selbstloses Empfangen ausgerichtet. Handeln wir gegen das Gesetz, indem wir nicht geben, nicht selbstlos geben, sondern nur erwarten, dann binden wir in unserer Seele und in unserem Körper die Energien. Gebundene Energien bewirken, daß ein negativer Herd entsteht, der schädliche Bakterien, Viren, ja Krankheitserreger aller Art anziehen kann, je nach der Schwingung dieses Herdes, dieses gebundenen Komplexes von Energie.

Das ewige Gesetz lautet: Alles soll strömen, nichts darf gebunden werden. Im Rhythmus des selbstlosen Gebens und selbstlosen Empfangens liegt das Ausstrahlen und Wiedergeben für den Nächsten und für das große Ganze. Das ist gesetzmäßiges Leben. Kann die Energie nicht strömen, binden wir Energie durch unsere ichbezogenen Ansprüche, weil wir erwarten und somit binden. Dann handeln wir gegen das Gesetz.

Wenn ich von meinem Nächsten etwas erwarte, dann habe ich es nicht, und was ich nicht besitze, kann ich nicht selbstlos weitergeben. Das Erwarten vom Nächsten, der es besitzt, ist ungesetzmäßig und führt zu Komplikationen in Seele, Körper und im eigenen Umfeld und im weiteren Sinne in der Welt. Das bedeutet, daß ich dadurch Ereignisse schaffe wie Schicksalsschläge, die, entsprechend meinem weiteren Verhalten, auf mich zukommen.

Schlicht gesagt: Was ich binde, das bricht über mich herein. Binde ich meine Mitmenschen, daß sie dies und jenes für mich tun, daß sie meinen Willen akzeptieren und erfüllen, und tun sie es, dann binde ich ihre Energie; die Ursache fällt auf mich zurück und die Wirkung kann mannigfach sein.

Ich muß also umdenken: Die Enttäuschung über meinen Nächsten ist die Enttäuschung über mich selbst, denn ich wollte meinen Nächsten so haben, wie ich will; weil er nicht geworden ist oder nicht vollzieht, was ich will, bin ich enttäuscht. Genau genommen müßte ich sagen: Ich bin über mich selbst enttäuscht, weil ich meinem Mitmenschen meine Gesinnung nicht aufoktroyieren konnte. Ich ziehe mich in mein Schneckenhaus zurück und schmolle, gleichzeitig produziere ich wieder negative Gedanken über meinen Nächsten und projiziere sie auf ihn. Das bedeutet, daß ich in meinem Schneckenhaus wieder neue Ursachen schaffe, die, sofern sie nicht rechtzeitig erkannt und bereinigt werden, sich kristallisieren und im Körper zur Wirkung kommen, entweder als Krankheit oder auch in meinem Umfeld als Schicksalsschlag.

Möchte ich, daß die Nächsten das tun, was ich will, und zwinge ich sie dazu und unterliegen sie meinen Zwangsvorstellungen, indem sie ausführen, was ich will, so sind sie also an mich gebunden und werden so ein Teil meines Organismus. Ich darf hier wieder darauf hinweisen: Alles ist

Energie; auch der Organismus, der menschliche Körper, ist Energie.

Trifft mich ein Schicksalsschlag, dann wird auch derjenige oder werden diejenigen, die ich an mich gebunden habe und die meinen Willen taten und dadurch ein Teil meiner Energie geworden sind, ebenfalls davon berührt werden. Das sind also die Menschen, die ich kraft meiner autoritären Haltung gezwungen habe, meinen Willen zu tun. Auf diese Weise können ganze Familien einen Organismus bilden, einer ist an den anderen gebunden, weil z.B. Vater und Kinder der autoritären Frau, der Mutter, hörig sind, oder umgekehrt, daß der Mann die Familie tyrannisiert und Frau und Kinder tun müssen, was der Vater sagt.

Ist die Familie dem autoritären Familienmitglied hörig, und sei es auch gegen ihren Willen, dann bildet die Familie einen Organismus, in dem die Energien zum Teil gebunden sind, so daß dadurch die Familie nur um ihre eigenen Belange kreist. Schlägt sodann das Schicksal zu, das z.B. ausschließlich dem Mann oder der Frau gegolten hätte, dann greift es auch über auf die Organe, auf die Menschen, die dem autoritären, ichbezogenen Menschen hörig waren, z.B. auf die Kinder, Verwandten, Bekannten oder auch Angestellten und Arbeiter. Das Schicksal trifft sodann nicht nur den Urheber, sondern auch den, der dem Urheber hörig war und ist.

Diese Darlegungen haben nichts mit den betrieblichen Verhältnissen zu tun, wo Arbeiter und Angestellte die Arbeit ausführen, die ihnen aufgetragen wird, oder der Betriebsinhaber, der Meister oder der Vorgesetzte Weisungen gibt. Was hier gesagt wird, bezieht sich auf die persönliche Ebene, nicht auf die Sachebene, die zwischen Betriebsleitung, Angestellten und Arbeitern besteht.

Wer also bindet und wer sich binden läßt – beide sind aneinander gebunden. Die Ursache, die durch Bindung erfolgte, betrifft beide, den Verursacher und den Hörigen. Der Verursacher wird jedoch vom Schicksal härter berührt als der Hörige, beide aber wird das Schicksal erfassen, weil sie einen Organismus bilden; d.h. es werden auch die Organe, die Hörigen, die an den Organismus, an den Bestimmenden gebunden sind, in Mitleidenschaft gezogen.

Zur Verdeutlichung ein Bild: Staat und Kirche bilden jeweils einen Organismus. Werden die Anhänger eines Organismus zu Mitgliedschaft oder anderweitig diktatorischen Maßnahmen gezwungen und führen sie aus, was ihnen aufoktroyiert wurde und wird, dann gehören sie zu dem Organismus Staat oder Kirche. Alle Dazugehörenden bilden sodann einen Organismus. Treten sowohl in der Kirche oder auch im Staat Schwierigkeiten und Schicksalsschläge verschiedener Art auf, wie z.B. Kriege oder Seuchen, dann sind alle davon betroffen, die sich unterjochen ließen und die die diktatorische Führung bejahten und vollzogen, was ihnen diktiert wurde. Aus einem solchen Zusammenschluß von Organismen, in denen Energie gebunden wird, ergibt sich sodann ein Gruppenkarma, das wiederum sein Gruppenschicksal hat.

Wir sind auf der Erde, um dem Göttlichen in uns näherzukommen. Daher hat jeder Mensch die Aufgabe, sein Leben mit der Kraft Gottes zu meistern. Keiner darf den anderen von sich abhängig machen, und keiner soll sich unterjochen lassen und dem Willen des Nächsten hörig sein.

Die Seele des Menschen kommt aus der Einheit Gottes, infolgedessen kann der Mensch kein Einzelgänger sein. Das ist nicht gesetzmäßig, weil in der ganzen Unendlichkeit die Polarität und Dualität, das Gemeinschaftsleben, die Ordnung Gottes ist. Für die Menschen heißt es: Einer soll für den anderen da sein, doch nicht einer vom anderen abhängig sein. Jeder Mensch soll eine Zelle am Leibe Christi sein. Das heißt jedoch nicht, abhängig von einer anderen Zelle zu sein, sondern mit dem Leib des Herrn verbunden, der letztlich jede Zelle, die Seele und den Menschen, unabhängig macht, weil er sie unermüdlich mit Energie versorgt, ohne zu fragen, ob die Zelle sie annimmt oder nicht. Auf Grund dieser Erkenntnis kann der Mensch allmählich zu sich selbst finden, seinen Organismus kraft seines positiven Empfindens, Denkens, Sprechens und Handelns reinigen und seine Seele zum Kraftwerk positiv strömender Energien machen.

Können die göttlichen Energien ungehemmt durch Seele und Körper fließen, weil unsere positiven Gedanken die Brücke zu den inneren Lebenskräften sind, dann ist unser Organismus gesund, der Mensch ist kraftvoll und leistungsfähig. Ein negatives Milieu ist dort, wo Menschen wohl miteinander leben, jedoch beständig Streit und Zank herrscht oder Feindschaft in Gedanken ausgestrahlt wird. Ein solches Milieu ist mit einem Tümpel zu vergleichen, in den wohl Wasser, also Energie, zufließt, in dem jedoch das Wasser steht und nichts mehr abfließt. Es bilden sich schädliche Bakterien und Viren, und mit der Zeit beginnt es, unangenehm zu riechen. Ein negatives Milieu kann für die Menschen, die in ihm leben, Krankheit und Schicksal auslösen. Dadurch kann unter Umständen der gesamte Organismus, vor allem das Nervensystem, erheblich in Mitleidenschaft gezogen werden.

Unsere negativen Gedanken finden also ihre Auswirkung im Körper. Zuerst wird ein schon leistungsschwaches Organ befallen und noch mehr geschwächt, als es schon ist. Die Ursache hierfür ist immer wieder gebundene Energie, sind also niedrig schwingende Energiefelder, die den seelischen Ursachen entsprechen.

Die Ursache jeder Disharmonie wirkt zuerst verkrampfend auf das Nervensystem ein. Das bedeutet, daß wir uns durch die Disharmonie von der Allharmonie abwenden und weniger Lebenskraft erhalten. Infolgedessen wird unser Körper geschwächt. Je größer die Schwierigkeiten und Probleme sind, desto länger binden wir Energie, wodurch unserer gebundenen Energie unter Umständen weitere Energie zufließt, die wieder gebunden wird, eventuell durch unsere Gespräche, die immer wieder um ein und dasselbe Thema kreisen, wie z. B.: was der Nächste spricht, was er besitzt, was er verursacht hat und dergleichen.

Wenn wir immer wieder über unsere eigenen Schwierigkeiten und Probleme sprechen, dann vergrößern wir den Energiekomplex in uns, wir binden also immer mehr Energie. Was wir empfinden, denken und sprechen, das sind wir; Gleiches und Ähnliches ziehen wir wieder an. Es finden also gedankengleiche Menschen zusammen. Sprechen diese Gleichgesinnten immer wieder über ihre Schwierigkeiten und Probleme, dann „schaukeln" sie sich gegenseitig auf, d. h. jeder baut an seiner Schwierigkeit, an seinem Problem weiter und öffnet sich für außersinnliche Kräfte, für weitere negative Energiefelder, die sodann, je nach Mentalität des einzelnen, ihn erfassen und ihn für ihre Zwecke benützen.

Auch erdgebundene Seelen warten nur darauf, bis sich Menschen ihren Wünschen und Vorstellungen, z. B. mit Haß und Neid, schwingungsmäßig nähern. Dann nehmen sie solche Menschen als Mittel zum Zweck; sie leben durch Menschen das aus, was sie selbst noch an Wünschen, Sehnsüchten, an Leidenschaften, Haß oder Neid, in sich tragen. Der Mensch spricht dann: Ich komme aus diesem Gedankenkarussell nicht heraus. Das bedeutet: Der Mensch wird getrieben, er ist nicht mehr er selbst und nicht mehr Herr seiner Kräfte. Das wird dann möglich, wenn der Mensch seine Schwierigkeiten, Probleme und Leidenschaften, sein Ichbezogenes, immer wieder verstärkt durch gleichartige

Gespräche, durch Grübeln über ein und dieselbe Sache, durch Haß und Neid.

Wir erkennen also: Menschen, die nur an sich denken, die nur über ihre Schwierigkeiten und Probleme sprechen, die andere für ihre Schicksalsschläge verantwortlich machen, sind in vielen Fällen Instrumente außerirdischer negativer Kräfte, die durch sie in die Welt einwirken und unter Umständen all jene verunsichern und gedanklich erfassen, die in ihren Anlagen Gleiches oder Ähnliches tragen. Auf diese Weise finden sich auch Gruppen zusammen, welche ihre Ideen verwirklichen wollen; seien es die Ideen in wirtschaftlichen und wissenschaftlichen Bereichen, seien es die Ideen der Ärzte oder die Ideen religiöser Gruppen. Was nicht aus dem absoluten Geist kommt, ist ungesetzmäßig und auf die Dauer nicht haltbar und auch nicht förderlich für Menschen und Umwelt.

Viele verfolgen mit Zähigkeit und Ausdauer das, was ihnen in den Sinn kam. Sie verstärken eine Idee mit ihren bejahenden Gedanken, die ganz auf die Idee bezogen sind. Nach dem Gesetz der Anziehung – gleichschwingende Kräfte ziehen wieder gleichschwingende Kräfte an – ziehen solche Menschen mit ihren Ideen wiederum Menschen mit gleichen oder ähnlichen Ideen an. Daraus kann eine Gruppenidee entstehen. Eine solche Gruppenidee kann z.B. Behandlungsmethoden für den Körper in die Welt projizieren, welche die Seele des Patienten quälen und das ausfließende Karma in die Seele zurückdrängen. Das bedeutet, daß die Seelenschuld entweder in einem anderen Körperorgan oder Körperteil auftritt oder erst in einer der nächsten Inkarnationen intensiver zur Wirkung kommt, als sie sich in dieser Einverleibung gezeigt hätte, denn aufgeschoben ist nicht aufgehoben.

Deshalb ist es ratsam, zuerst nach dem Reiche Gottes zu trachten. Wer sich bemüht, das Gesetz der universellen

Liebe zu verwirklichen, indem er nicht richtet und verurteilt, sondern Toleranz und Wohlwollen walten läßt, der findet allmählich zu seinem wahren Selbst, dem Reich Gottes in sich, und wird vom Gesetz, von dem Reich des Inneren, alles empfangen, was für ihn gut ist.

Nach dem Reich Gottes zu trachten heißt: Verwirkliche und erfülle die Gesetze der Liebe. Vergib und bitte um Vergebung. Finde in allem das Gute, und sprich nicht unermüdlich über Negatives. Danke auch für Krankheit, Leid und Schicksal; alles will dir etwas sagen. Erkenne darin, daß Gott dir über das Gesetz von Saat und Ernte einiges mitteilen möchte, was du jetzt bewältigen sollst, damit die Liebe des Vaters in Seele und Leib wirksam werden kann. Nimm es wahr und bereinige, was an Menschlichem ansteht und dir bewußt wird, dann wirst du Gesundheit für Seele und Körper erlangen, und Wohlbefinden wird dein Leben zeichnen.

Harmonie ist also Leben und Gesundheit des Körpers, des Menschen. Wo Harmonie ist, dort gedeiht und wächst das Leben. Der Heilstrom kann sodann im Menschen wirksam werden und im Leibe das bereinigen, was schon offenbar ist oder dem Menschen noch unbekannt als Anlage in der Seele oder in den Genen des Menschen liegt. Wer in sich zur Harmonie gefunden hat, der strahlt die positiven Kräfte aus und verändert im positiven Sinne das ihn umgebende Milieu, sein gesamtes Umfeld.

In der heutigen Zeit weiß fast schon jeder, daß der Körper durch negative Empfindungen, Gedanken, Worte und Handlungen erkrankt. Negative Kräfte verkrampfen das Nervensystem, sie verunreinigen den Körper und reduzieren die Kräfte der Organe. Wer also negativ denkt, der verkrampft seinen Organismus. Jeder Krampf wirkt lähmend auf das Nervensystem und auf die Organe ein. Es ist bewiesen, daß Gedanken Kräfte sind. Je öfter wir ein und dasselbe denken, um so größer wird der Gedankenkomplex, der auf uns einwirkt. Die Qualitäten, Substanzen und Energien unserer Gedanken beeinflussen also unser Nervensystem und bewirken in unserem Körper das, was wir denken und bestimmen: unser Milieu.

In wissenschaftlichen Laboratorien kann bewiesen werden, daß Gedanken tatsächlich Kräfte sind, daß positive Gedanken aufbauen und negative Gedanken zerstören.

Im Hause der Gesundheit, in der Christusklinik, haben wir schon viele entsprechende Erfahrungen gemacht. Wir haben erfahren: Wenn Heilungsuchende an ihrer belastenden Gedankenwelt festhalten, wenn sie nicht vergeben und nicht um Vergebung bitten wollen, wenn sie nachtragend bleiben und die Vergangenheit nicht bereinigen, wenn sie in Gesprächen zusammenkommen und immer wieder über Krankheit, Schicksal und Not sprechen, wenn sie also ihr Leben durch die Kraft der Gedanken nicht ändern wollen, dann kann ihnen wohl körperlich Hilfe zuteil werden, doch die Ursache, der eigentliche Herd der Krankheit, wird nicht behoben. Der Körper kann wohl kurzzeitig eine Erleichterung erfahren, doch die Gesundheit kann nicht von innen heraus wachsen, weil der Mensch das Kernproblem, sein falsches Verhalten, nicht angehen möchte, weil er gar nicht gewillt ist, sein Menschliches loszulassen, umzudenken, so daß die Energien zum Fließen kommen. Wer nicht umdenken möchte, der will sich immer noch selbst bestätigen und selbst behaupten, er will nicht einsehen, daß er sich ändern muß, um von innen heraus Gesundheit zu erlangen. Er bleibt beharrlich auf seine Meinung gestützt und muß erleben, daß ihm trotz ärztlicher Hilfe, trotz geistiger Lebensberatung letztlich wenig Hilfe zuteil geworden ist.

Menschen, die bewußt positiv denken, die gemeinsam beten, die um Vergebung bitten und vergeben, die nicht mehr über Krankheit, sondern über Gesundheit sprechen, die gemeinsam die Schönheit der Natur im Inneren erfassen, die Freundlichkeit und die hoffnungsvollen Aspekte des inneren Lebens ansprechen, solche Menschen erfahren, daß die Gesundheit von innen heraus wächst und daß es ihnen von Tag zu Tag besser geht.

Wir haben Erfahrungen mit Krebspatienten. Die Unterschiede im Krankheitsverlauf sind sehr deutlich. Während fast alle in der 1. Gruppe das gesundheitsfördernde Leben, die Kraft von innen heraus, kaum spüren und sich das Krankheitsbild kaum ändert, fühlen sich die meisten der 2. Gruppe wesentlich besser. Die meßbaren Symptome zeigen den Krankheitsverlauf auf.

Die Ärzte des Universellen Lebens haben eine Ganzheitsmethode entwickelt, denn sie wissen: Heilung erfolgt ausschließlich von innen heraus. Sie bemühen sich daher, daß der Patient von innen heraus gesundet. Die Ärzte stützen den Körper, doch drängen nicht auf Heilung des Körpers. Sie beachten die göttlichen Gesetzmäßigkeiten und helfen den Patienten bei ihrem Bemühen, danach zu leben.

VI. INFORMATIONEN ÜBER DAS UNIVERSELLE LEBEN

UNIVERSELLES LEBEN

Wir leben in einer Zeit größter Veränderungen. Viele geistig aufgeschlossene Menschen spüren, daß eine entscheidende Phase der Menschheitsgeschichte unmittelbar bevorsteht. Die jahrtausendelange Nichtbeachtung der göttlichen Gesetze, der Zehn Gebote und der Bergpredigt wird sich auswirken. Kriege, Naturkatastrophen und Chaos sind angesagt.

Christus möchte uns vor dem Schlimmsten bewahren. Christus verläßt sie Seinen nicht. Er hat mit dem UNIVERSELLEN LEBEN ein Werk aufgebaut, durch das Er, der Sohn des Allerhöchsten, alle Menschen leiten möchte. Er bietet uns Seine Hand an, Seine persönliche Führung!

Im UNIVERSELLEN LEBEN macht der Herr wahr, was Er vor 2000 Jahren den Seinen sagte: „Ich hätte euch noch viel zu sagen, doch könnt ihr es jetzt noch nicht fassen. Wenn aber der Geist der Wahrheit kommt, wird Er euch in die volle Wahrheit führen" (Joh. 16, 12f.).

Christus schenkt uns heute durch Seine Prophetin nicht nur Einblick in die Vorbereitungen für die neue Zeit, die Zeit des Geistes, deren Kommen durch viele Propheten der vergangenen Jahrtausende vorhergesagt wurde, Er möchte uns auch sicher in diese Zeit führen. Er möchte uns aus der geistigen Umnachtung, aus unserer Ichbezogenheit, in die Freiheit der tiefen, geistigen Erkenntnis führen, die wir durch die Verwirklichung und Erfüllung der göttlichen Gesetze erlangen. Diese Freiheit bringt uns die selbstlose Liebe, die Wahrheit, die Weisheit und die strahlende Kraft der dynamischen, christlichen Tat.

Aus der Erfüllung der geistigen Gesetze wird der Menschentyp der neuen Zeit erwachsen. Dieser Menschentyp, friedfertig, barmherzig und kraftvoll, wird das Reich Gottes auf Erden, den Christusstaat, bewohnen, der sich nach der Zeitenwende weltweit auch im Äußeren zeigen wird.

Jetzt schon werden die Fundamente für den Christusstaat nach den Anweisungen des Geistes errichtet. Durch Menschen, die das Reich Gottes in sich erschlossen haben und erschließen, wird das Friedensreich erbaut. Diese Menschen gehen bewußt den Inneren Weg, den Christus und Sein Diener, der Cherub der göttlichen Weisheit, jetzt im UNIVERSELLEN LEBEN lehren.

Was sich in dunklen Wolken am Horizont der Zeit zusammenballt, ist die Ernte der menschlichen Saat. Durch diese Ernte wird uns der Sohn Gottes führen, und heil hindurchführen. Er ist der Weg! Wer Ihn als den Weg annimmt, für den gibt es keinen Untergang, sondern den Durchbruch in die neue Zeit!

Dafür möchte der Herr die Seinen, jeden Menschen, vorbereiten! Dafür schenkte und schenkt uns der Geist Gottes in Christus und Seinem Diener, dem Cherub der göttlichen Weisheit, Offenbarungen über die Gesetze der Schöpfung. Christus klärt uns auf und ermahnt uns, die göttlichen Gesetze zu erfüllen. Dafür schenkte und schenkt uns der Vater, der Schöpfer allen Seins, Sein machtvolles Ur-Wort.

Die Zukunft hat schon begonnen im UNIVERSELLEN LEBEN:

FREIHEIT
EINHEIT
BRÜDERLICHKEIT.

Daraus erwächst die christliche Dynamik für die neue Zeit.

Die Christusfreunde
im UNIVERSELLEN LEBEN

MEDITATIONS-FERNKURS

Der Geist Gottes offenbarte immer wieder durch das unmittelbare Prophetische Wort den Weg zurück zu unserem Ursprung, zum Bewußtwerden unserer Einheit mit dem Ewigen.

Die Christenheit hat jedoch das Wissen um diesen „Inneren Weg", den Weg zur Vervollkommnung in Gott, verloren.

Das Christusbewußtsein strömt verstärkt in die Zeit geistigen Aufbruchs. Christus lehrt erneut den Inneren Weg durch das Prophetische Wort, diesmal in allen Einzelheiten und Stufen, gemäß Seiner Ankündigung vor 2000 Jahren: „Noch vieles habe ich euch zu sagen ..."

Dieser Schulungsweg, den wir als Fernkurs anbieten, beginnt mit einer ersten meditativen geistigen Aufbereitung von Seele und Mensch: in einem ersten 6-monatigen Meditationskurs lernen wir, unser Fühlen, Denken und Handeln mehr und mehr auf das Christusbewußtsein auszurichten. Gezielte Bewegungsübungen, die jeweils vor der Meditation durchgeführt werden, bewirken eine zusätzliche Harmonisierung von Seele und Körper.

Diesem Kurs I schließt sich ein zweiter Meditations-Fernkurs an. In diesem lernen wir, die Geistkräfte in Seele und Körper zu aktivieren. Diesen beiden Kursen folgt der vierstufige Fernkurs „Innerer Weg".

Der Innere Weg, das geistige Gut, wird allen Suchenden ohne jegliche Verpflichtung, Mitgliedschaft oder Beitrag angeboten. Den Meditations-Fernkurs gibt es z. Zt. in folgenden Sprachen: deutsch, englisch, französisch, spanisch, italienisch, holländisch, polnisch und serbokroatisch.

Ausführliches Informationsmaterial erhalten Sie auf Wunsch kostenlos und unverbindlich.

Universelles Leben
Postfach 5643
D-8700 Würzburg

UNSERE CASSETTEN

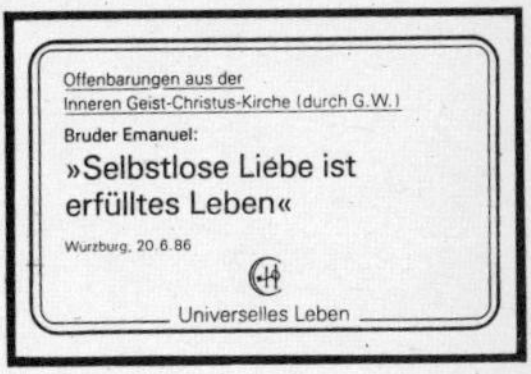

Das Universelle Leben verbreitet in vielen Ländern dieser Erde das Wort Gottes, das uns der Geist Gottes durch Seine Prophetin der Gegenwart, Gabriele, Würzburg, schenkte und schenkt.

Diese göttlichen Offenbarungen geben wir weltweit, in mehreren Sprachen, an alle geistig suchenden und aufgeschlossenen Menschen weiter – auf Tonbandcassetten und als Druckschriften bzw. Bücher.

Möchten Sie einen Überblick über unsere derzeit verfügbaren Tonbandcassetten erhalten, dann fordern Sie bitte unser aktuelles Gesamt-Verzeichnis für Bücher und Cassetten 1987 an. Wir bieten über 100 Cassetten an mit Offenbarungen unseres himmlischen Vaters, unseres Erlösers Christus und des Cherubs der göttlichen Weisheit, auf Erden Bruder Emanuel genannt.

Diese Offenbarungen wurden von unserer Schwester, der Prophetin Gottes, in der Öffentlichkeit gegeben und vermitteln einen tiefen Eindruck des von der geistigen Welt Dargereichten. Über das Innere Wort der Lehrprophetin Gottes in unserer Zeit belehrt der Herr aus der unerschöpflichen Fülle göttlicher Weisheit die heutige Menschheit. Er verströmt ein geistiges Wissen, das alles Bisherige an Tiefe und Detailliertheit weit übertrifft.

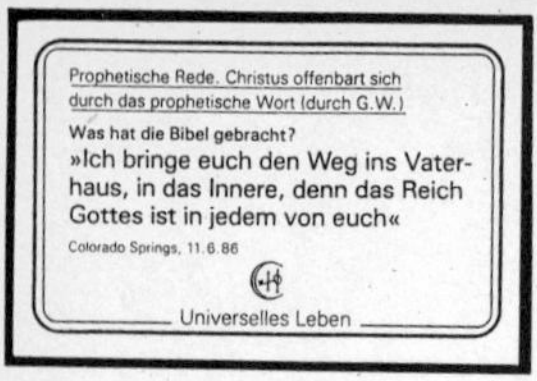

In unserem Cassetten-Angebot befinden sich ferner Meditationen, Vorträge der Prophetin Gottes, allgemeine Vorträge zur geistigen Aufklärung und Musik-Cassetten.

Die Preise unserer Cassetten können Sie ebenfalls unserem aktuellen Gesamt-Verzeichnis entnehmen, das wir Ihnen auf Wunsch gerne zusenden.

Ein besonderes Gnadengeschenk sind die von Christus gegebenen Christusstrahlungen. Der Herr gibt während Seiner Offenbarung Heilstrahlen für alle, die den inneren Arzt und Heiler wirksam werden lassen.

Folgende Christusstrahlungen sind auf Cassette erhältlich:

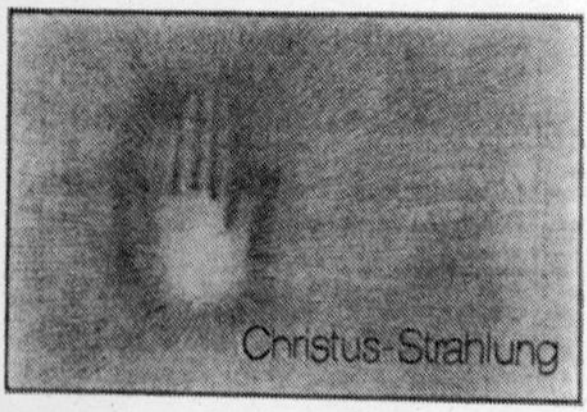

Der göttliche Quell, die Liebe, heilt unsere Seele zum Wohle unseres Körpers
München, 16.02.1986
Bestell-Nr. C 901

Christusstrahlung ist Kraftstrahlung, ist Heilstrahlung!
Zürich, 16.03.1986
Bestell-Nr. C 902

„Mein Kind, Meine Strahlung ist Heilung“
Salzburg, 11.05.1986
Bestell-Nr. C 903

UNSERE BÜCHER

I. GÖTTLICHE OFFENBARUNGEN

Gottes Liebe begleitet Dich*

Ein Kleinod aus dem Geiste Gottes

Ein Bildband, der Worte unseres himmlischen Vaters und unseres Erlösers, Christus, enthält. Er macht uns wieder bewußt, daß wir Kinder Gottes sind, Wesen des Lichtes, die zu einem erfüllten Leben in und aus der Liebe berufen sind. Er weist uns auf die Macht des Dankens hin, die Sorgen, Probleme und Leiden aufzulösen vermag und zur Gottnähe führt. Behutsam werden wir zu der Erkenntnis geführt, daß in allem Seine Kraft, Sein Geist, wirksam ist — auch im Negativen. Und sanft berührt Er unser Bewußtsein, damit es zur Selbsterkenntnis erwache.

75 S., 16 SW-Fotos, geb., Best.-Nr. S 113
ISBN 3-926056-05-3

Liobani*

Ich erzähle — hörst Du zu?

Diese Aufklärung und wahre Erzählung kommt von einem reinen Geistwesen, Liobani. Sie ist an Kinder vom ersten Lebenstag bis zum sechsten Lebensjahr gerichtet — und auch für Erwachsene sehr lehrreich. Das Anliegen Liobanis ist eine Hinführung zu dem Bewußtsein, daß Gott in allem ist und nichts ohne Gott sein kann. Das Ziel ist die Erziehung zu kosmischen

Menschen, die mit allen Lebensformen in Einheit und Frieden leben.
Liobani weist liebevoll und verständlich darauf hin, daß in allem das Licht Gottes ist. Sie erklärt, was selbstlose Liebe ist und wie man richtig betet. Sie berichtet von den Naturwesen und erläutert das Wirken der Schutzengel. Das Kind erfährt, weshalb es überhaupt auf der Erde ist – es bekommt eine Ahnung vermittelt von dem ewigen Leben, zu dem es einst wieder zurückkehren wird.
Diese Offenbarung, die uns aus den himmlischen Welten geschenkt wird, führt uns in die Fülle geistigen Seins und ist zugleich schlicht und klar.

100 S., 7 Farb-Illustr., geb.
Best.-Nr. S 114
ISBN 3-926056-03-7
Auch in I erhältlich.

Die christliche Mysterienschule

Die hohe Schule des Geistes

Diesen Weg lehrt weder die christliche Kirche, noch kann uns ein Meister bis zum Ende des Weges führen ...
Christus selbst lehrt im Prophetischen Wort den unmittelbaren Höhenpfad zu Gott, dem absoluten Leben: den Inneren Weg. Wir lernen, ihn zu gehen – von der Selbsterkenntnis zur Gotteserfahrung. Die Offenbarung gibt einen Überblick und tiefen Einblick in die hohe mystische Schule des Geistes.

100 S., kart., Best.-Nr. S 104
Auch in E, F, Fin, Hol, I, Pol, Sp erhältlich.

Die Hierarchie der Meister und das Golgatha-Opfer

Wer weiß schon, was damals Gewaltiges geschah? Welche existentielle Bedeutung hat das Golgatha-Geschehen für alle Menschen und Seelen bis heute und über das Bestehen der Welt hinaus?
In dieser Schrift offenbart Christus, was weder Kirchen noch östliche Meister lehren, da sie die energetische Bedeutung des „Vollbracht" nicht verstanden haben. Der Anspruch Christi in dem Wort: „Keiner kommt zum Vater denn durch Mich" ist hier begründet. Meister und Erleuchtete können dem Menschen Hilfe vermitteln. Christus selbst jedoch ist die Erlöserkraft. Seit Golgatha ist eine Auflösung der geschöpften Formen nicht mehr möglich.

61 S., kart., Best.-Nr. S 101
Auch in E, F, Hol, I, Sp erhältlich.

Die Strahlungsfelder

Die Entstehung der Fallwelten und die Zukunft der Menschheit

Diese Offenbarung wurde uns geschenkt, damit wir das gewaltige, kosmische Geschehen des Falles aus dem Geistigen in die Materie verstehen.
Detailliert beschreibt Geistlehrer Bruder Emanuel, der Cherub der göttlichen Weisheit, die Entstehung der teil- und vollmateriellen Welten.
Die schier unfaßbare Dimension dieses Geschehens erschließt sich dem Leser, dem spürbar wird, welche Verirrungen die ehemals reinen Lichtwesen durchlebten, bis sie Mensch wurden.

115 S., kart., Best.-Nr. S 103
Auch in E, F, Hol, I, Sp erhältlich.

Der unpersönliche und der persönliche Gott

Nie zuvor ist in einer solchen Klarheit und Präzision das Wesen Gottes dargestellt worden.
Diese Offenbarung des Gesetzesengels der göttlichen Weisheit, auf Erden Bruder Emanuel genannt, geht über alle spekulativen, menschlichen Gedanken und Vorstellungen hinaus. Wer kann ermessen, was uns hier aus höchster Quelle gereicht wird? Es ist ein Zeugnis der Liebe, Größe und Allmacht Gottes, ein Hineinfühlen in Sein ewiges Wirken und Sein.

45 S., kart., Best.-Nr. S 105
Auch in E, F, I, Ser, Sp erhältlich.

Der Christusstaat

Dein Reich komme und Dein Wille geschehe (Das göttliche Gesetz für das Weltreich Jesu Christi, die Bergpredigt)

Christus verkündet das Kommen Seines Friedensreiches auf dieser Erde!
Alles Weltliche wird fallen. Christus, die höchste Strahlkraft, wird der Menschheit zum Überleben verhelfen. Er bietet Seinen Weg an: die Anerkennung der göttlichen Gesetze, welche die Bergpredigt lehrt – und ihre Verwirklichung. Das Friedensreich wird bereits in allen Lebensbereichen gestaltet. Menschen, die Ihm nachfolgen, läutern ihre Sinne, finden den Weg in ihr Inneres, werden selbstlos und ohne Furcht vor dem Niedergang der veräußerlichten Welt. Durch sie entsteht jetzt schon der Christusstaat.

52 S., kart., Best.-Nr. S 106
Auch in Chi, E, Fin, F, Hol, I, Sp, Schw erhältlich.

Erkenne und heile Dich selbst durch die Kraft des Geistes

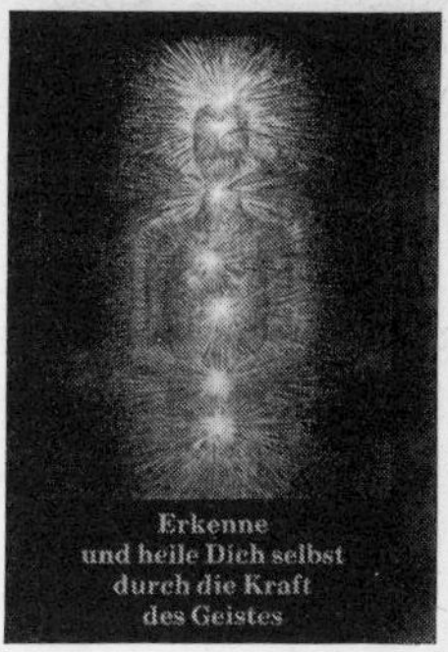

Im Geistigen liegt alle Lebenskraft! Der Cherub der göttlichen Weisheit gibt hier ein Wissen, das den Menschen erkennen läßt: „Ich bin nicht nur mein Körper!“ Tiefgreifende Heilung geschieht durch einen inneren Prozeß: fortgesetzte Arbeit an sich selbst führt zur Verfeinerung und zur Durchlässigkeit des Menschen und der Seele für die göttlichen Kräfte. In der Folge geschieht Heilung. Dieser Heilungsweg ist hauptsächlich Anliegen des vorliegenden Buches.
Parallel zu den geistigen Wegweisungen erhalten wir viele wertvolle Hinweise auf Naturheilmittel, Ernährungsweisen, Behandlungsmethoden, die von außen wirken sollen, bis der Mensch sensibilisiert genug ist, die inneren Kräfte des Geistes voll nutzen zu können.

210 S., kart., Best.-Nr. S 102
Auch in E, F, Hol, I, Sp erhältlich.

Die Entwicklung und das Leben der Kinder in den Kindergärten des Universellen Lebens

Während des Erdenlebens, der Schule aller Kinder Gottes, sollen wir zu den befreienden Gesetzen der selbstlosen Liebe finden. Schon im Kindergarten wirken Kinder, Eltern und Betreuer gemeinsam am Erkennen und der positiven Umwandlung des Mitgebrachten sowie der Entfaltung des geistigen Bewußtseins. Verhalten und Spiel der Kinder geben Einblick in seelische Vorgänge. Förderung und Hilfestellung für geistiges Wachstum werden möglich. Durch Menschen, die sich selbst und ihren Nächsten lieben gelernt haben, soll die Liebe Gottes auf Erden wirksam werden.

32 S., kart., Best.-Nr. S 107
Auch in E, F, Hol, I, Sp erhältlich.

Dein Kind und Du

Lebensschule der selbstlosen Liebe
Erziehung der Säuglinge und Kleinkinder im Universellen Leben

Eltern, Großeltern, Verwandte programmieren Säugling und Kleinkind mit eigenen Vorstellungen, Wünschen, Sorgen und Ängsten. Die Seele kann ihr ursprüngliches Vorhaben für ihre Inkarnation kaum noch durchführen. Der Körper regiert den Geist, die Seele resigniert.
Im Universellen Leben soll es anders werden!
Geistlehrer Bruder Emanuel, der Cherub der göttlichen Weisheit, klärt uns auf über Karma, Einverleibung und Anpassungsschwierigkeiten der Seele. Vom gemeinsamen Gebet und Spiel über Ernährung und Kleidung des Kleinkindes bis hin zur „Erziehung zum freien Menschen“ enthält diese Schrift viel geistiges Wissen und praktische Ratschläge.

88 S., kart., Best.-Nr. S 110
Auch in E, I, Sp erhältlich.

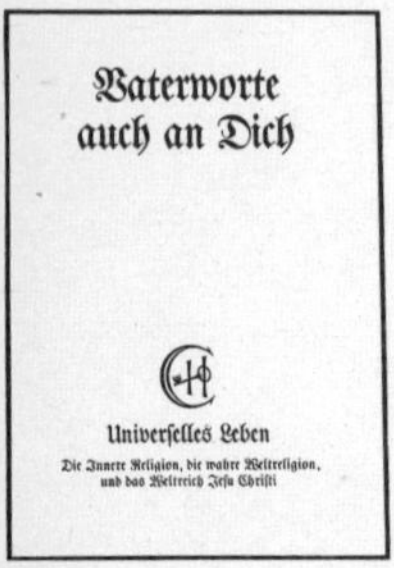

Vaterworte auch an Dich

Dieses handliche Taschenbändchen ist bereits für Tausende zu einem unverzichtbaren Begleiter geworden. Die Vaterworte wurden vom Geist Gottes durch die Prophetin des Herrn offenbart. Ein Kleinod aus dem höchsten, universellen Bewußtsein: Worte der unendlichen Liebe des Schöpfers zu Seinem Kind. Worte auch der Belehrung und unmittelbaren Führung, damit das Kind seinen geistigen Ursprung und seinen derzeitigen Zustand erkennen und den Weg in sein Inneres finden kann. Und Worte des Trostes, damit es weiß: es ist behütet und geliebt. Der Vater spricht:

„Denn wo du bist, da bin Ich, denn Ich wohne in dir und in allem Sein.“

100 S., geb., Best.-Nr. S 108
Auch in Chi, E, F, Hol, I erhältlich.

Menschen der neuen Zeit

Ihr Denken und Leben, ihre Sitten und Grundsätze

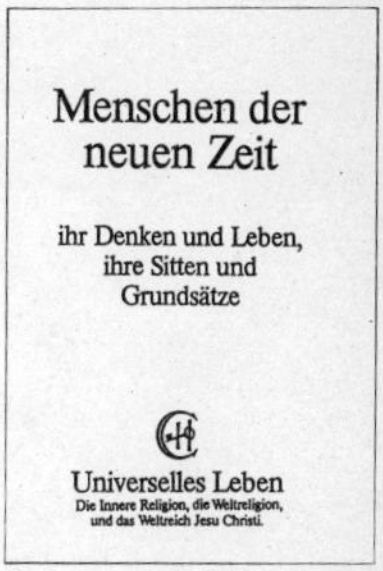

Die neue Zeit hat schon begonnen! Das ichsüchtige, machthungrige Denken und Fühlen der Menschen hat die Welt an den Abgrund des Chaos gebracht. Doch mitten in die Wirren einer aus den Fugen geratenen Welt legt Christus das Fundament für die neue Zeit.
Nie waren die Gegensätze so kraß, nie die Entscheidung so eindeutig gefordert: Für das Leben – oder für die Welt.

Aus dem Inhalt:
• Die neue Zeit bringt die geistige Revolution • Die Welt bedarf des Wandels • Ethik und Moral der Menschen im Universellen Leben • Die Eltern im Universellen Leben • Die werdende Mutter • Das Kind ist geboren • Die Erziehung der Kinder • Die neue Zeit bringt das Weltbild Jesu Christi

52 S., kart., Best.-Nr. S 109
Auch in E, F, Fin, Hol, I erhältlich.

Ewige Weisheiten und Heilmeditationen aus dem Geiste Gottes

Zehn offenbarte Meditationen, die den Strom der Heil- und Lebenskräfte in uns verstärkt fließen lassen. Schlichte Worte, die uns ermutigen, unser Denken und Leben umzustellen.
Jedem Meditationstext ist eine ausführliche Erläuterung geistiger Gesetzmäßigkeiten vorangestellt. Durch eine ausgewogene Verbindung aus Weisheiten und tiefgehenden Heilmeditationen wird dieses Buch zu einer Quelle der Kraft.

102 S., kart., Best.-Nr. S 116

Du bist nicht verlassen*

Gott ist Dir nahe in Wort und Tat

Gott ist uns nahe in Wort und Tat.
Diese beglückende Wahrheit vermittelt der vorliegende Bildband in sehr eindrucksvoller Weise. Er enthält Offenbarungen des himmlischen Vaters und unseres Erlösers, Christus.
Wir bekommen tiefste Belehrungen aus der All-Weisheit geschenkt und praktische Hinweise für unser geistiges Voranschreiten auf dem Weg der Bewußtseinsevolution. So gelangen wir zur Erfüllung der selbstlos gebenden Liebe und zum wahren inneren Frieden: Nur so kann Frieden in der Welt entstehen. Der Herr unterweist uns im Umgang mit unseren menschlichen Empfindungen und Gedanken. Er zeigt uns verschiedene Möglichkeiten des Erkennens und Bewältigens von Schwierigkeiten und Problemen, die uns noch belasten und an das Materielle binden – also von Gott trennen.

112 S., 21 Farbfotos, geb., Best.-Nr. S 115
Format 21 × 24 cm
ISBN 3-926056-06-1
Auch in I erhältlich.

Wie Du speist und was Du ißt, zeigt, wer Du bist

Vieles, was uns aus der geistigen Welt geschenkt wird, ist ein Angebot zur Selbsterkenntnis. Alles ist Bewußtsein. So können wir unseren geistigen Stand an den vielen kleinen Lebensäußerungen erkennen: was und wie ich esse, wie ich mich kleide, wie ich stehe, schreite, gehe und vieles mehr. Dieses Büchlein dient als Anregung, auch im täglichen Leben sehr aufmerksam und bewußt die Signale der Seele aufzunehmen. Auf diese Weise können wir unser wahres Wesen erkennen, entfalten und somit geistig reifen.

80 S., kart., Best.-Nr. S 112

Was Du denkst und sprichst, zeigt, wer Du bist

Geistlehrer Bruder Emanuel, der Cherub der göttlichen Weisheit, möchte die Menschen zur wahren Geistigkeit, zum freudigen, friedvollen und harmonischen Leben führen. Er lehrt, daß jeder Mensch sein Empfinden, Denken, Reden und Handeln durch die Mimik und Gestik und seine Körperbewegungen verrät. Was der Mensch empfindet und denkt, wirkt sich in seiner ganzen Haltung aus.
Die Belehrungen Bruder Emanuels sind wertvolle Anleitungen zur Selbsterkenntnis und zur Veredelung unseres Menschen. Er zeigt uns, wie sich unser ganzes Leben von innen her ändern kann.

33 S., kart., Best.-Nr. S 111
Auch in E, F, Hol, Sp, Schw erhältlich.

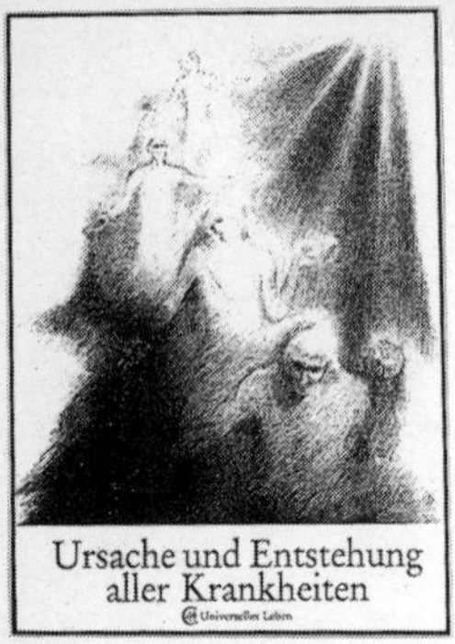

Ursache und Entstehung aller Krankheiten*

Was der Mensch sät, wird er ernten

Christus selbst zeigt in dieser großen Offenbarung durch das Prophetische Wort von Gabriele, Würzburg, nicht nur die Wurzeln aller Übel und Krankheiten auf. Er führt uns zu tiefen Einsichten in unsere Herkunft und unser wahres Wesen, das kosmisch ist. Er schlüsselt das Kräftegefüge auf, in dem wir uns als Mensch befinden. Er gibt ungezählte Hilfen für Gesunde, Kranke und Therapeuten. Er zeigt uns, auf welchem Wege wir wieder in die göttliche Einheit finden, in die Harmonie, die uns frei, glücklich und gesund macht. Wer von uns hat danach keine Sehnsucht?

224 S., geb., Best.-Nr. S 117
ISBN 3-926056-13-4

II. BÜCHER DER PROPHETIN GOTTES

Inneres Beten

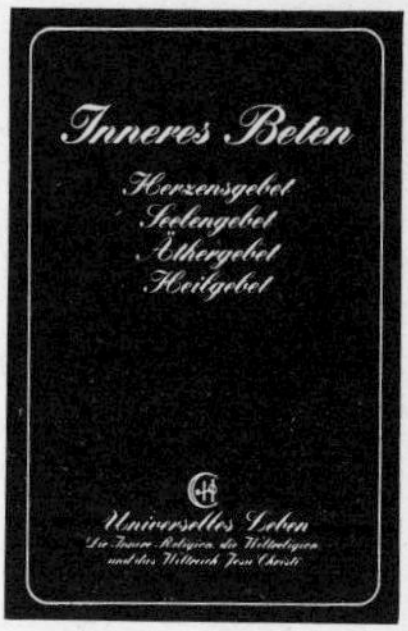

Herzensgebet, Seelengebet, Äthergebet, Heilgebet

Wie gelange ich zum rechten Beten? Die Prophetin des Herrn weist uns den Weg: „Rechtes Beten führt uns hin zu unserem Ursprung, wo Glück, Friede und Harmonie auf uns warten. Beten ist die Brücke in die Realität des Geistes, in das Leben, das uns frei macht."
Über die Stufen Herzensgebet – Seelengebet – Äthergebet finden wir in die tiefen Schichten unseres Inneren. Das Heilgebet bringt, durch die Bejahung der göttlichen Kräfte in uns, die Heilströme zum Fließen. Sie harmonisieren Seele und Körper und schenken uns Gesundheit.

105 S., geb., Best.-Nr. S 307
Auch in Tsch erhältlich.

Gabriele, Würzburg

Gott heilt*

Heilung – das ist wohl eines der aktuellsten Themen unserer Zeit. Heilung durch den Geist, ohne Medikamente und pflanzliche Stoffe, ist möglich – das ist die Grundaussage dieses Buches. Die ärztliche Hilfe wird dabei keineswegs ausgeschlossen: Ein guter Arzt verbindet medizinische und geistige Therapie.
Da Krankheit auf falschem Denken beruht, besteht der erste Schritt zur Heilung darin, umzudenken, d.h. sich auf Gott auszurichten. Durch positives Denken und Leben, durch rechtes Beten und vertrauensvolle Hingabe an Gott öffnen wir

uns für die Quelle der Kraft, die in uns selbst ist.
Dann kann auch Christus, der innere Arzt und Heiler, wirksam werden und uns Heilkräfte schenken, die eine innere Heilung bewirken.
Die geistige Heilung ist der Weg des Freiwerdens auch von äußerer Krankheit — die wir letztlich selbst verursacht haben.

80 S., kart., Best.-Nr. S 309
ISBN 3-926056-08-8

Selbsterforschtes und Erlebtes

Lebensanweisungen und Hilfen auf der Pilgerfahrt zum Gottmenschen

Diese Lebenshilfen drücken in schlichten Worten die tiefe Verbindung zu Gott und Seiner Schöpfung aus. Es sind geistig aufbauende Worte, die uns tagtäglich Geleit sein wollen. Sie helfen uns, unser Leben mit der Kraft des Geistes zu meistern.

84 S., geb., Best.-Nr. S 305
Auch in E, F, Hol, I erhältlich.

Gabriele, Würzburg

Harmonie ist das Leben des Betriebes*

Lehren und Anweisungen für Betriebsleiter und Mitverantwortliche der christlichen Betriebe im Universellen Leben

In diesem Band werden aus geistiger Sicht Lehren und Anweisungen für Betriebsleiter und Mitverantwortliche der Betriebe im Universellen Leben dargelegt. Es werden die Grundprinzipien erläutert, die eine gesunde Betriebsführung auf christlicher Basis ermöglichen.
Werden die universellen göttlichen Gesetze gelebt, wie sie in der Bergpredigt zu-

sammengefaßt sind, dann gelingt alles. Im Unterschied zu den weltlichen Betrieben, die weitgehend ohne geistige Grundlage arbeiten, wird hier bewußt der göttliche Wille beachtet: alles Tun ist auf dem Fundament der selbstlosen Liebe aufgebaut. Das Buch zeigt deutlich, welche Macht in unseren Gedanken liegt. Haben die Mitverantwortlichen eines Betriebes übereinstimmend positive Gedanken, reden und handeln sie so, dann ist auch das Energiefeld „Betrieb" ausgeglichen – und da Harmonie aufbauend wirkt, bedeutet dies auch Wachstum.
Die Anweisungen aus der geistigen Welt sind auch für Menschen hilfreich, die in weltlich geführten Betrieben arbeiten.

60 S., 16 S. SW-Fotos, kart., Best.-Nr. S 310
ISBN 3-926056-09-6
Auch in E, F, Sp erhältlich.

Gabriele, Würzburg

Mit Gott lebt sich's leichter*

Alle Lasten unseres Daseins haben ihre Wurzel in einem Leben ohne Gott!
Dieses Buch aus der göttlichen Weisheit enthält Erkenntnisse und Erfahrungen der Botschafterin Gottes unserer Zeit, Gabriele, Würzburg, – eines Menschen, der uns den Weg zum kosmischen Bewußtsein, zur mystischen Einheit mit Gott vorausging.
Jedem, der sich ernsthaft um Selbsterkenntnis und Selbstbemeisterung bemüht und der Gott, die Quelle allen Lebens, in sich sucht, ist dieses Buch Wegweiser und Stütze. Wer den christlich-mystischen Pfad der Liebe zu Gott beschreitet, wird in sich selbst erfahren: Mit Gott lebt sich's leichter!

Aus dem Inhalt:
• Gott ist Stille. Er redet, wenn wir schweigen • Ausrichtung und Gebet • Aktivierung der positiven Kräfte durch Gedankenkontrolle und Konzentration • Überwindung des eigenen Ichs anstatt Verurteilung des Nächsten • Die menschliche Liebe und die wahre, göttliche Liebe • Wir bestimmen Saat und Ernte • Vergeben und Vergebung erlangen • Die Seele, das Schicksalsbuch unseres Lebens • Was ist der Sinn des Lebens? • Wie kommen wir in Harmonie mit dem absoluten Geist, der Quelle allen Lebens?

135 S., kart., Best.-Nr. S 308
ISBN 3-926056-07-X

Ein ehemals geistig unwissender Mensch auf dem Pfad zu Gott

Der Lebensweg der Prophetin im Heimholungswerk Jesu Christi – zugleich ein Erkenntnisweg für alle Suchenden (Biographie I)

„In den vergangenen 20 Jahren meiner Suche nach Gott habe ich nicht das erlebt, was ich in diesem einen Jahr erfahren durfte“ – schreibt Prof. Dr. W. Hofmann, der sich bei Gabriele aus Würzburg, der Prophetin Gottes in unserer Zeit, einquartiert hatte, um in echter Feldforschungsarbeit dieses Phänomen zu erfassen.
Diese Biographie I beschreibt den Lebensweg der Prophetin bis 1980.
Wir erfahren, wie aus einer einfachen Hausfrau, die keinerlei geistiges oder esoterischen Wissen hatte, in wenigen Jahren die große Prophetin unserer Zeit wurde.
Sehr eindrucksvoll beschreibt sie selbst ihren inneren Werdegang: die Vorbereitung bis zum Durchbruch des Inneren Wortes, die Seelenkämpfe, die sie durchzustehen hatte, und die verschiedenen Stationen in der Schule des Geistes, die sie durchschritt – bis hin zur mystischen Einheit mit Gott.
Geläutert von allem Menschlichen, ist sie nun Sein Sprachrohr. Der Geist Gottes spricht kraft- und machtvoll durch sie und schenkt uns tiefste Belehrungen in einer nie dagewesenen Klarheit und Detailliertheit.

50 S., kart., Best.-Nr. S 301
Auch in E, F, Fin, Gr, Hol, I,
Nor, Rum, Rus, Ser, Sp erhältlich.

Aus dem Leben der Prophetin Gottes

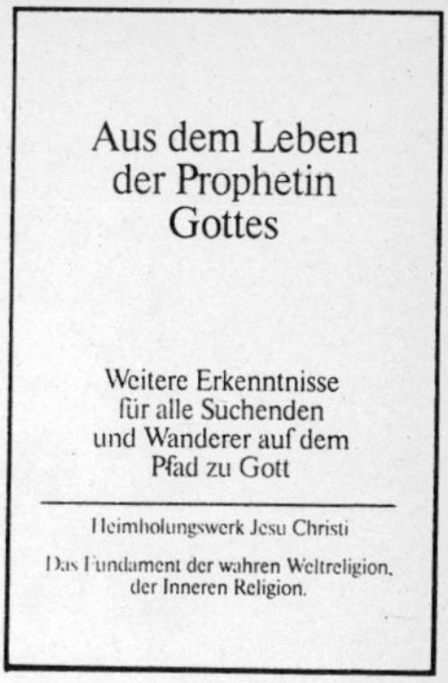

Weitere Erkenntnisse für alle Suchenden und Wanderer auf dem Pfad zu Gott (Biographie II)

Die Prophetin Gottes spricht aus ihrem lebendigen Wissen, aus Erkenntnissen und Erfahrungen, die sie auf dem geistigen Weg gewonnen hat. Sie läßt uns teilhaben an dem Reichtum göttlicher Wahrheit, den sie erhalten hat und hier mit vollen Händen austeilt.
Das Buch erwuchs aus vielen Gesprächen und ist gestaltet in Frage und Antwort.

183 S., kart., Best.-Nr. S 302
Auch in I, Hol, Ser erhältlich.

Der Geist, die Quelle im Menschen

Für jeden Tag des Jahres erhalten wir hier Worte der Wegweisung. Die Lebensweisheiten und Bewußtseinsstützen dienen als tägliche positive Ausrichtung für alle aufgeschlossenen Menschen, die Gott in sich suchen und in der Unrast unserer Zeit Momente des Friedens und der Stille erleben wollen.

190 S., kst., Best.-Nr. S 304
Auch in E, Hol, I erhältlich.

Der Pfad der Liebe zu Gott

Ein Vortrag der Prophetin Gottes, in dem sie den Weg der Liebe zu Gott aus ihrem eigenen Erleben schildert. Sind wir erfaßt von der Liebe Gottes, dann werden wir in Freude und Leid Gott danken. Die Liebe und Kraft Gottes wird uns bewußt und vermag unser Leben neu zu gestalten. Es wird deutlich, daß Worte Symbole sind, die die göttliche Führung und Liebe nur erahnen lassen. Der Leser kann hineinfinden in die Harmonie, die wir letztlich als unser ureigenes Wesen erkennen lernen.

24 S., kart., Best.-Nr. S 303
Auch in E, Hol, I, Sp erhältlich.

Sie lebt unter uns

Das Denken und Leben der Prophetin Gottes im Universellen Leben
Eine Schrift der Christusfreunde

Die große Prophetin des Herrn: das Instrument Gottes, ungewöhnlich gefordert durch den übermenschlichen Auftrag. Gott brach in ihr Leben ein, und ihr unausweichlicher Auftrag ist es, die Menschen unserer Zeit wachzurütteln und aufzurufen zur Entscheidung für Gott. Als Geistwesen und Mensch ist sie jedem von uns auch Schwester und Weggefährtin, die uns reichlich aus ihrem oft leidvoll gewonnenen Erfahrungsschatz beschenkt.

65 S., Best.-Nr. S 409

Harmonie ist Leben und Gesundheit des Körpers*

Verfaßt von den Christusärzten in Zusammenarbeit mit Gabriele — Würzburg, der Prophetin Gottes

Die heutige Schulmedizin nähert sich dem Ende ihrer Sackgasse.
Wir brauchen eine neue Medizin, die nicht schädigt und die sich an den göttlichen Gesetzen orientiert.
Es gibt sie seit Jahrtausenden: es ist das Wissen aller großen Heilkundigen der Menschheit. Paracelsus wußte um den „inneren Arzt und Heiler", um die Heil- und Lebenskraft in uns, deren Strom wir durch falsches Denken und Leben blockieren.
Die Ursachen aller Krankheiten sind geistig-seelische Fehlhaltungen der Menschen selbst. Ein glücklicher, freudiger, gläubiger Mensch bleibt bzw. wird gesund, sofern es für seine Seele gut ist.
Liebe heilt. Sie beinhaltet Harmonie in Empfindungen, Gedanken, Worten und Handlungen. Um dies zu erreichen, bedarf es der Selbsterkenntnis, des Vergebens und Um-Vergebung-Bittens. Die gelebte Bergpredigt ist gleichzeitig der Weg zur Heilung. Beginnen wir, positiv zu denken, ist der erste Schritt getan.

ca. 100 S., kart., TB, Best.-Nr. S 416
ISBN 3-926056-15-0

III. BÜCHER DER CHRISTUSFREUNDE

Die Frohbotschaft

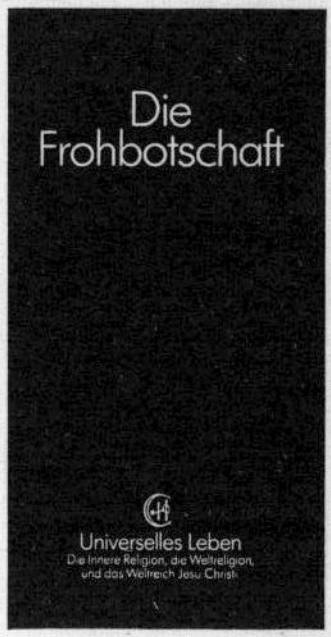

Die Frohbotschaft – aktuell und in die Zukunft weisend! Jetzt ist die Zeit, in der sich das erfüllt, was seit Jahrtausenden prophezeit ist: Das Reich des Friedens kommt auf diese Erde! Was in diesen Tagen und Jahren im Herzen Deutschlands geschieht, ist von globaler, ja kosmischer Bedeutung. Hier wirkt Gott selbst durch das Prophetische Wort – und durch die Menschen, die entschlossen den Willen Gottes zu leben trachten.

10 S., kart., Best.-Nr. S 403
Auch in Dän, E, Fin, F, Hol, I, Pol, Sp erhältlich.

Die Christusfreunde

Menschen der Bergpredigt in unserer Zeit – ihr Leben und ihr Ziel

Wer sind sie? Was wollen sie? Was glauben sie? Wie leben sie? Wie sehen sie die Zukunft? Grundlegende Informationen über die geistigen Ziele der Menschen im Universellen Leben. Für alle, die das Universelle Leben kennenlernen wollen.

15 S., kart., Best.-Nr. S 404
Auch in Ara, Chi, Dän, E, Fin, F, Hol, I, Pol, Schw, Sp, U erhältlich.

Schweigt Gott wirklich?

Wer oder was ist Gott? Ist Gott tot? Redet Gott durch Theologen?
- Geschichtliche Beweise, daß die göttlichen Offenbarungen nicht mit

dem Tode Jesu abgeschlossen waren und sind • Gott schweigt nie und schweigt auch heute nicht.
Ein engagierter Vortrag.

43 S., Best.-Nr. S 406
Auch in E, F, Fin, Hol, I, Sp erhältlich.

Richard Wagner

Gott sprach und spricht durch sie: Der unpersönliche und der persönliche Gott*

Wer oder was ist Gott?

Wer oder was ist Gott? – Eine Grundfrage, die immer mehr Menschen gerade heute, in einer Zeit des geistigen Aufbruchs, beschäftigt.
Dieses Buch möchte Geist, Sinn und Herz öffnen für die universelle Wirklichkeit, daß Gott überall und vor allem im Menschen selbst ist, wirkt und immer mehr wirken möchte – und daß wir Kinder Gottes sind, die aus der menschlichen Unfreiheit wieder in die unendliche Freiheit und Reinheit der lichten Himmel, in unsere ewige Heimat, zurückkehren wollen und dürfen – durch die erlösende Kraft Christi, die in jedem wirkt.

Aus dem Inhalt:
• Der All-Geist – der unpersönliche Gott • Gott-Vater – die höchste Manifestation des Allgeistes • Gott-Sohn, Christus – der Mitregent der Schöpfung • Die himmlische Schöpfung – das Reich Gottes • Die Bildung der individuellen Gottesvorstellungen • Christus, der einzige Führer für alle Menschen und Seelen zurück in die Absolutheit • Die Wirklichkeit Gottes im Leben des Menschen • Die Endzeit

192 S., kart., TB-Reihe, Best.-Nr. S 411
ISBN 3-926056-01-0

Richard Wagner

Gott sprach und spricht durch sie über Den Engelsturz und die Rückkehr ins Reich Gottes*

Wie geschah der Engelsturz, der Fall eines Teils ehemals reiner Geistwesen aus den ewigen Himmeln unter der Führung von Satana?
Wer ist Satana – wer ist der Satan bzw. Luzifer?
Der Mensch ist ursprünglich ein reines und lichtes Kind Gottes, das sich durch ein Leben im Eigenwillen, im Egoismus, Besitzen-, Sein- und Habenwollen, belastet, d.h. entfernt hat von Gott. Er bedarf nun der Heimholung, der Erlösung.
Doch was bedeutet Erlösung?
Was ist unter der Erlösertat Jesu Christi zu verstehen? Warum ist Christus der einzige Weg zurück in die Absolutheit?
Was bedeutet das Leben Jesu für unseren eigenen Weg? Der christlich-mystische Weg ist der Pfad der Läuterung von Seele und Mensch, der nach innen führt. Die wachsende Liebe zu Gott und zu unserem Nächsten, ja zu allem, was ist, führt uns zur bewußten Einheit mit Gott, heim ins Vaterhaus.

192 S., kart., TB-Reihe, Best.-Nr. S 412
ISBN 3-926056-02-9

Hans Dienstknecht

Gott sprach und spricht durch sie über Das Leben nach dem Tod Die Reise Deiner Seele*

Seitdem die Sterbeforschung sich des Themas „Tod" angenommen hat, setzen sich immer mehr Menschen damit auseinander: Geht es nach dem Tod „weiter" – und wenn ja, wie?
Die Antworten sind da – detailliert und klar wie nie zuvor! Wir erkennen uns als unsterbliche, geistige Wesen, die die Erdenschule durchlaufen mit dem Ziel, wieder eins zu werden mit dem Ursprung: Gott.

Aus dem Inhalt:
• Wie geht das Sterben vor sich? • Was empfindet die Seele dabei? • Wo und wie lebt sie anschließend? • Warum inkarniert sie eventuell erneut? • Welche Entwicklungsmöglichkeiten gibt es in den Seelenbereichen?

Ein einzigartiges Buch, das den sogenannten Tod demaskiert und die Angst vor dem Sterben nimmt.

264 S., TB-Reihe, Best.-Nr. S 410
ISBN 3-926056-00-2

Ich kam – woher?
Ich gehe – wohin?*

Leben nach dem Tod – Die Reise Deiner Seele

Täglich sterben Menschen. Die meisten von uns fürchten sich vor dem Sterben. Sie haben Angst und fragen: „Was wird danach mit mir sein?“ Viele sagen: „Wir wissen nicht, was danach ist. Keiner ist jemals aus dem Jenseits zurückgekommen.“ Auch die christlichen Kirchen haben auf diese existentielle Lebensfrage keine zufriedenstellende Antwort.
Wer nur die Lebensspanne zwischen Geburt und Tod als „das Leben“ ansieht, dem muß sein Woher und Wohin, der Sinn seines Erdenlebens, ein Geheimnis bleiben. Nicht Geheimnis, sondern Wahrheit ist es, was viele nicht mehr wissen und was darum in dieser Schrift dargelegt wird: Daß der Tod nicht das Ende unseres Lebens ist, sondern das Tor zu seiner Fortsetzung auf einer anderen Seinsebene. Das Tor zu einem Leben, das um so lichtvoller sein wird, je bewußter der Mensch die Aufgaben seines Erdenlebens bewältigt hat. Der Tod, eine Station auf der Wanderung unserer Seele hin zum vollkommenen Leben! Erfassen wir, was Leben wirklich ist, so verliert der Tod seine Schrecken.

Der zweite Teil des Buches enthält viele Antworten auf Fragen, wie sie bei zahlreichen öffentlichen Vorträgen und Seminaren des Universellen Lebens zu dieser Thematik gegeben wurden.

70 S., kart., Best.-Nr. S 407
ISBN 3-926056-04-5

Wiedergeburt

Du warst schon öfter auf dieser Erde, Du wirst wiederkommen

Ein suchender und zugleich kritischer Altphilologe wertet hier griechische und lateinische Bibeltexte, Konzilsdokumente und Werke früher Kirchenväter aus, die beweisen, daß die Reinkarnation bereits urchristliche Lehre war. Er belegt, wie und warum das Wissen über die Reinkarnation der Seele aus der Lehre der Kirche und damit aus dem Bewußtsein des christlichen Abendlandes verlorengegangen ist.

116 S., Best.-Nr. S 401

Wiedergeburt und christlicher Glaube

Du warst schon öfter auf Erden

Zentrale Fragen um die menschliche Existenz:
Wer bin ich? Woher komme ich? Wohin gehe ich? Weshalb leide ich? Sie sind nur zu beantworten, wenn wir die Tatsache der Wiederverkörperung (Reinkarnation) anerkennen. Die Zusammenhänge zwischen göttlichem Ursprung, Sinn und Zweck des Menschen auf dieser Erde und seiner mehrfachen Wiedergeburt werden im Rahmen eines Vortrages knapp dargestellt.

25. S., kart., Best.-Nr. S 408

Otto Wille

Die verfolgten Nachfolger Christi*

Die mystisch-gnostischen Bewegungen in der Christenheit vom 2. bis zum 20. Jahrhundert

Immer wieder erweckte Gott Menschen, die als Seine Botschafter der Menschheit Sein Prophetisches Wort übermittelten.
So, vom Geiste Gottes unmittelbar geführt, entstanden Gemeinschaften, die das hohe Lebensziel, wie es in der Bergpredigt dargelegt ist, anstrebten und auch verwirklichten.
Von den Amtskirchen wurden sie geächtet, verleumdet, verfolgt und vielfach ermordet.
Konsequent zeigt der Autor das geistige Leben der bedeutendsten dieser großen Bewegungen von Christen, die das Urchristentum verwirklichten, vom 2. Jahrhundert bis in die Gegenwart.

288 S., kart., TB, Best.-Nr. S 414
ISBN 3-926056-14-2

Weltweit Universelles Leben

Diese großzügig und ansprechend gestaltete Broschüre informiert u.a. über: • Das Prophetische Wort, das Herz des Universellen Lebens • Die Christliche Mysterienschule • Christusbetriebe • Christusfreunde im Verhältnis untereinander, zu anderen religiösen Gemeinschaften, zur Bibel, zu Ehe, Familie, Erziehung der Kinder, zur Natur • Das Friedensreich Jesu Christi.

40 S. DIN A 4; 58 z.T. großformatige Farbfotos
Best.-Nr. S 415

Hinweise für die Bestellung unserer Bücher und Cassetten

Alle Bücher mit Stern * können Sie in jeder Buchhandlung erhalten.

Alle übrigen Bücher und Schriften sowie alle Cassetten können Sie bestellen beim Herausgeber:

Universelles Leben
Postfach 5643
D-8700 Würzburg

In andere Sprachen übersetzte Bücher und Schriften sowie Cassetten in Fremdsprachen sind ebenfalls beim Herausgeber erhältlich.

Folgende Kennzeichen gelten für Bestellungen in Fremdsprachen:

Ara	= Arabisch	Nor	= Norwegisch
Chi	= Chinesisch	Pol	= Polnisch
E	= Englisch	Rum	= Rumänisch
F	= Französisch	Rus	= Russisch
Fin	= Finnisch	Schw	= Schwedisch
Gr	= Griechisch	Ser	= Serbokroatisch
Hol	= Holländisch	Sp	= Spanisch
I	= Italienisch	U	= Ungarisch

Beispiel für eine Buchbestellung in Fremdsprache:
„Vaterworte auch an Dich" in Chinesisch:
S 108 Chi (= Bestellnummer)

Bitte beachten Sie:
Es gelten die Preise des aktuellen Gesamtverzeichnisses, das wir Ihnen auf Wunsch gerne kostenlos zusenden.

Universelles Leben

„Gott ist immer da, Er möchte uns helfen und dienen. Doch wir selbst müssen Gott die Möglichkeit einräumen, daß Er, die ewige Kraft der Liebe, der Harmonie und des Friedens, Er, die kosmische Heilkraft, in uns wirksam werden kann."

„Solange wir also falsch denken, das heißt dem kosmischen Leben entgegen, sind wir ein Spielball der gegensätzlichen Kräfte und Sklaven unseres Ichs. Gedanken und Worte sind Kräfte. Je öfter sie gedacht und gesprochen werden, um so intensiver ist die Kraft. Das gilt sowohl für die positiven als auch für die gegensätzlichen Gedanken und Worte. Es ist unsere Aufgabe, umzudenken und unser Leben in die Hand zu nehmen; dann wird auch der Geist Christi in uns stärker wirken."